LA CHUTE

DE

SATAN

PAR

AUGUSTE MAQUET

VI

PARIS

L. DE POTTER, LIBRAIRE-ÉDITEUR

RUE SAINT-JACQUES, 38.

LA CHUTE DE SATAN.

SUITE DES NOUVEAUTÉS EN LECTURE
Dans tous les cabinets littéraires.

BLANCHE DE BOURGOGNE, par *madame Dupin*, auteur de CYNODIE, MARGUERITE, etc., 2 vol. in-8.

L'HEURE DU BERGER, par *Emmanuel Gonzalès*, 2 vol. in-8.

LA FILLE DU GONDOLIER, par *Maximilien Perrin*, 2 vol. in-8.

MINETTE, par *Henry de Kock*, 3 vol. in-8.

QUATORZE DE DAMES, par *madame la comtesse Dash*, 3 vol. in-8.

L'AUBERGE DU SOLEIL D'OR, par *Xavier de Montepin*, 4 vol. in-8.

DEBORA, par *Méry*, 3 vol. in-8.

LES COUREURS D'AVENTURES, par *G. de la Landelle*, 3 vol. in-8.

LE MAITRE INCONNU, par *Paul de Musset*, 3 vol. in-8.

L'ÉPÉE DU COMMANDEUR, par *Xavier de Montepin*, 3 vol. in-8.

LA NUIT DES VENGEURS, par *le marquis de Foudras*, 3 vol. in-8.

LA REINE DE SABA, par *Xavier de Montepin*, 3 vol. in-8.

LA JUIVE AU VATICAN, par *Méry*, 3 vol. in-8.

LE SCEPTRE DE ROSFAU, par *Emile Souvestre*, 3 vol. in-8.

JEAN LE TROUVEUR, par *Paul de Musset*, 3 vol. in-8.

LES FEMMES HONNÊTES, par *H. de Kock*, 3 vol. in-8.

LES PARENTS RICHES, par *madame la comtesse Dash*, 3 vol. in-8.

CERISETTE, par *Paul de Kock*, 6 vol. in-8.

DIANE DE LYS, par *Alexandre Dumas fils*, 3 vol. in-8.

UNE GAILLARDE, par *Ch. Paul de Kock*, 6 vol. in-8.

GEORGES LE MONTAGNARD, par *le baron de Bazancourt*, 3 vol. in-8.

LE VENGEUR DU MARI, par *Emmanuel Gonzalès*, 3 vol. in-8.

CLÉMENCE, par *madame la comtesse Dash*, 3 vol. in-8.

BRIN D'AMOUR, par *Henry de Kock*, 3 vol. in-8.

LA BELLE DE NUIT, par *Maximilien Perrin*, 2 vol. in-8.

JEANNE MICHU, LA BIEN-AIMÉE DU SACRÉ-COEUR, par *madame la comtesse Dash*, 4 vol. in-8.

LE KHALIFA, par *S. Henry Berthoud*, 2 vol. in-8.

RAPHAEL ET LUCIEN, par *Michel Masson*, 2 vol. in-8.

LE TROUBLE-MÉNAGE, par *Maximilien Perrin*, 2 vol. in-8.

EL INOUDI, par *S. Henry Berthoud*, 2 vol. in-8.

LES MÉTAMORPHOSES DE LA FEMME, par *X.-B. Saintine*, 3 vol. in-8.

CHARMANTE GABRIELLE, par *M.-J. Brisset*, 2 vol. in-8.

LE DÉBARDEUR, par *Maximilien Perrin*, 2 vol. in-8.

NICOLAS CHAMPION, par *S. Henry Berthoud*, 2 vol. in-8.

LA FAMILLE DU MAUVAIS SUJET, par *Maximilien Perrin*, 2 vol. in-8.

UN COEUR DE LIÈVRE, par *Maximilien Perrin*, 2 vol. in-8.

DIANE ET SABINE, par *Michel Masson*, 2 vol. in-8.

LA CHUTE DE SATAN,

PAR

AUGUSTE MAQUET,

Suite du Comte de Lavernie.

VI

𝔓aris,

L. DE POTTER, LIBRAIRE-ÉDITEUR,
Rue Saint-Jacques, 58.

1

OU LOUVOIS NE TROUVA PAS CE QU'IL ATTENDAIT, ET OU DESBUTTES REÇUT CE QU'IL N'ATTENDAIT PAS (*suite*).

Gérard revint lentement, à reculons, vers la maison de poste, toujours observant ses ennemis. Jaspin avait fait brider les chevaux et donné deux louis au maître de poste pour qu'on lui prêtât deux selles. Il monta, fit monter Gérard et l'entraîna au galop, en lui disant :

— Une voiture fermée, cadenassée... amenée de *là-bas* par Desbuttes, attendue par Louvois ! Oh ! mon cher Gérard, si cette nuit même, n'importe par quel moyen, la marquise ne sait pas ce que renferme ce carrosse, nous sommes tous perdus !

Ils disparurent ainsi aux yeux de Louvois, qui n'écoutait ni Desbuttes suppliant à ses genoux, ni Sérou, qui lui recommandait de s'observer en présence de tout ce monde.

Cependant les chevaux étaient changés, le postillon payé, Desbuttes avait fait raconter son laquais et par ce postillon l'accident arrivé sur la route — la présence de Jaspin sur le siége s'expliquait ainsi bien clairement. Outre cela, le financier entr'ouvrant avec sa clé une des portières, avait fait voir à Séron que la chaise renfermait encore le prisonnier.

Louvois, toujours sombre malgré toutes ces assurances, fit monter Desbuttes en postillon et entra dans le carrosse, qui partit rapidement par la route de traverse dans laquelle les guidait Séron.

Quelques minutes après, on entendit un grand cri, des coups furieux frappés sur la portière de la chaise, et la voix du ministre, voix effarée, rauque, sinistre qui criait : arrêtez! arrêtez donc!

Desbuttes obéit — Séron revint près de la chaise — Louvois se jeta dehors, livide, les cheveux en désordre, et lui dit d'un accent que rien ne saurait rendre :

— Voyez donc ce qu'il y a dans ce carrosse... Séron, ce n'est pas un homme, c'est un cadavre.

Desbuttes sauta en bas de son cheval, Séron aussi. La chaise était arrêtée dans un endroit sombre, désert, où filtrait à peine quelque clarté du ciel, sous les voûtes opaques des châtaigniers et des noyers qui bordaient le chemin.

Séron tira doucement à lui le vieillard qu'avait amené Desbuttes. Il ne s'aidait pas, il ne respirait pas.

— Je lui ai parlé, je l'ai secoué, dit Louvois, il n'a ni répondu ni remué.

Séron, après un examen minutieux et réitéré de ce corps déjà roide et de ce visage froid :

— L'homme est mort ! dit-il :

Desbuttes s'arracha les cheveux et ses dents claquèrent de terreur.

Louvois se redressa farouche et morne comme une statue du désespoir. Le plus effrayant silence planait sur cette scène terrible.

— Êtes-vous bien sûr, monsieur, qu'il

ne soit pas évanoui? murmura le désolé Desbuttes en interpellant Séron encore agenouillé près du cadavre.

— La secousse l'aura tué, continua d'une voix lamentable le traitant, qui s'effrayait de l'attitude sombre de son maître.

— Cette secousse n'aurait pas eu lieu sans la rencontre de M. Jaspin, dit sourdement le ministre.

— Hélas !

— Et M. Jaspin ne se serait pas trouvé

là, si on ne l'eût averti, continua Louvois d'un ton de plus en plus menaçant.

Desbuttes commença de trembler.

— Maintenant, poursuivit Louvois, emporté par le flot de rage qui bouillonnait en lui, je comprends ce que je ne pouvais comprendre tout-à-l'heure — la présence de M. Jaspin sur le siége de ce carrosse et celle de M. de Lavernie à la maison de poste.

— Monseigneur ! hurla Desbuttes, qui fondait en larmes, en heurtant ma chaise, pouvait-on espérer de tuer ce malheureux ?

— En heurtant ce carrosse, on espérait voir ce qu'il renfermait.

— Monseigneur, mais alors, on ne fut pas revenu à Bondy sur le même carrosse.

— Pourquoi non! puisqu'à Bondy l'on avait du renfort ; puisque M. de Lavernie avec deux laquais, armés sans doute, attendait à Bondy, et que nul ne pouvait m'y attendre, moi !

— Oh !... monseigneur, je vous jure, s'écria Desbuttes en se tordant les mains.

en protestant de son dévouement, de sa probité.

Ce malheureux mot alluma la poudre, Louvois fit explosion.

— Ta probité, coquin ! s'écria-t-il dans un transport de fureur; ton dévoûment, bélitre! Ah! tu m'as vendu à mes ennemis, ah! tu m'as joué, mais tu mourras!

Et de sa main vigoureuse, dont la colère décuplait les forces, il saisit Desbuttes palpitant, et le brisa de coups terribles, dont un seul eût suffi à assommer un bœuf. Cependant, excité, irrité par les cris étouffés du misérable, aveuglé par la rage qui l'enivrait, par la volupté de battre et de faire souffrir, il cherchait une épée à son côté : il eût poignardé, déchiré, anéanti sa victime. Desbuttes commençait à râler et à mordre, lui aussi se révoltait et ne voulait pas mourir.

Séron l'arracha des mains de Louvois et le remit sur ses pieds; mille tourbillons, des myriades d'étincelles passant et repassant devant ses yeux, l'étourdissaient et le firent vaciller pendant quelques minutes.

— Tuez-le! tuez-le!... criait Louvois.

Ces terribles mots ranimèrent Desbuttes comme une fraîche aspersion d'eau bienfaisante; il se mit à genoux à distance et supplia encore avec les plus éloquentes protestations.

— Eh bien! va-t-en, puisque tu n'es pas mort, dit Louvois, disparais! je te chasse!... et prie Dieu que jamais il ne te place sur mon chemin; prie le démon, ton maître, de te bien garder de ma colère; car si j'entends parler de toi, si mes espions te découvrent, si tu oses respirer de façon à être entendu, je te le jure, misérable, tu mourras en lambeaux sur une croix de fer rouge que je vais commander exprès pour toi.

Saisi d'un vertige qui hérissait tous ses cheveux, chancelant sous le poids de ces paroles qui venaient le lapider une à une comme des pierres aiguës, Desbuttes se releva et s'enfuit, croyant toujours sentir les ongles de cette main inévitable qui s'étendait à toutes les extrémités du monde.

Il s'enfuit au hasard, éperdu, hurlant et blasphémant, soutenant d'une main ses habits en loques, et de l'autre essayant d'étancher le sang qui couvrait son visage.

Quant à Louvois, tremblant encore, il tomba plutôt qu'il ne s'assit, soutenu par

Séron sur un des coussins de la chaise. Sa colère assouvie s'était abattue comme la boursoufflure de l'écume qui monte sur l'huile en ébullition.

— Mort..., dit-il après un long silence, mort avant d'avoir pu parler ou signer une déposition. Et c'était ma dernière espérance!... Et le roi m'attend!

Sa tête pesante retomba dans ses deux mains. Ce génie puissant, invincible, cherchait déjà à tirer parti de sa défaite même.

— Il me reste le cadavre, murmura-t-il,

et une accusation terrible contre ceux qui ont causé sa mort. Le roi verra bien qu'il y avait là un secret que les ennemis de la Maintenon ont étouffé par un crime. Car enfin, Séron, cet homme est mort de mort violente, n'est-ce pas? C'est facile à prouver.

Le médecin, digne de son maître, avait déjà compris sa pensée. De nouveau incliné sur le corps, il l'étudiait avec le plus fervent désir de satisfaire Louvois.

— Non, dit-il enfin, ce front n'a pas une lésion; pas une articulation n'est brisée, luxée même ; la mort a été produite par la trop grande rapidité de la course, par le manque d'air ou par l'ébranlement tout moral imprimé au cerveau lors de la secousse physique. Nul médecin n'oserait soutenir que le vieillard est mort assassiné. Pas même moi.

Louvois atterré se tut.

— C'est pourquoi, continua Séron, je vous engage à remettre ce corps dans le carrosse et à le faire inhumer promptement, soit à Meudon, soit en quelque autre endroit où il ne puisse être découvert. Je m'en chargerai moi-même pour plus de sûreté. Mais, d'ailleurs, monsieur le marquis, vous avez eu tort de maltraiter ainsi Desbuttes, car il se vengera en allant tout raconter à la marquise ou à Jaspin.

— Non, dit Louvois, Desbuttes n'en sait pas assez pour risquer de me braver de la sorte. D'ailleurs, si je l'ai châtié, je puis le ramener à moi. Il tremblera d'être compris dans le nombre des maltôtiers à qui je fais rendre gorge, et pour conserver ses écus il me ménagera... Etre ménagé par Desbuttes! Oh! misère!...

Et en prononçant ces paroles, Louvois poussa un éclat de rire amer et voulut frapper la terre de son poing; mais il frissonna, car sa main venait de se heurter au cadavre.

Il se leva précipitamment.

— Depuis quand cet homme est-il mort? demanda-t-il au médecin.

— Depuis une heure à peine.

— Vous ne supposez pas qu'il fût mort, quand Desbuttes l'a quitté pour venir à nous?

— Non.

— Vous ne supposez pas que Jaspin ait pu se douter de cette mort?

— Non, puisque la chaise était fermée. Non, puisque le postillon, le laquais et Desbuttes lui-même n'en savaient rien. Je répondrais de l'innocence de ce malheureux en toute cette affaire,

— S'il est innocent, répliqua Louvois, si le hasard seul a tout conduit, c'est donc la fortune de mon ennemie qui vient de heurter la mienne..... Mauvais présage!.... Eh! bien, soit!... mais je vais m'efforcer de retrouver Desbuttes ou d'empêcher qu'il puisse communiquer d'ici à demain, soit avec la marquise, soit avec Jaspin, soit avec M. de Lavernie. J'ai pour cela des moyens sûrs. Et demain, je ferai encore trembler la marquise au seul nom de ce chirurgien qui savait le secret des Lavernie. Si elle ne tremble pas, elle, Jaspin, qui croira que l'homme est encore vivant, tremblera et parlera!... Non, tout n'est pas perdu; de l'audace! du sangfroid! un profond silence. J'ai jusqu'à demain soir; c'est long, c'est éternel! Et d'ailleurs, quand j'aurais échoué, quand j'aurais manqué à la parole donnée au roi, il faudra bien que cela passe, comme ont passé tant de choses, comme tout passera! Car je tiens le roi, et j'ai l'avenir! Emportons cet homme à Meudon!

En achevant ces mots, Louvois abaissa ses regards orgueilleux jusqu'au cadavre; on eût dit que ce cadavre grimaçait comme un sourire d'ironie; il savait déjà, lui, la valeur de ce mot, l'*avenir*, prononcé par une bouche mortelle. Peut-être le prononçait-il aussi, une heure avant d'être étendu froid et endormi à jamais sur ce chemin sombre et désert.

ADIEU.

Belair avait quitté ses amis pour porter tant de bonnes nouvelles à la petite maison du pont Marie.

Certes, rien n'est plus facile que d'aller

de Versailles à Paris en deux heures. Mais Belair, nous le savons, avait adopté un itinéraire qui triplait la longueur du chemin. D'ailleurs, il n'entrait point chez Violette avant le soir. Il occupa donc les derniers instants du jour à faire emplette pour la jeune femme, de tout ce qui lui serait nécessaire pour son voyage, et réussit à pénétrer dans la maison avec le même bonheur que les autres fois.

Violette regardait tristement les tapisseries de sa chambre; elle ne jeta point le cri joyeux dont elle accueillait chaque arrivée de son amant.

Celui-ci la prit par la main et l'amena en face des derniers rayons du jour :

— Qu'avez vous? dit-il; vous êtes pâle, vous êtes triste, vous avez encore pleuré.

Elle essaya de cacher son visage.

— Que vous est-il arrivé, Violette?

— Rien ; mais ne faites pas attention à moi, je vous prie, je m'habituerai...

— A la liberté, au bonheur, ma chère vie, dit le jeune homme en la serrant tendrement dans ses bras. Demain! c'est demain le grand jour! demain vous êtes sauvée à jamais!

— Oh!... s'écria la jeune femme, est-il vrai?

Belair lui conta tout le plan de Jaspin, tout le zèle de leurs amis. Il étala les belles choses qu'il venait d'acheter, il laissa enfin déborder toute sa joie à l'idée de ce départ fixé au lendemain soir.

Mais son enthousiasme, au lieu d'échauffer la jeune femme, sembla l'éteindre de plus en plus. Le premier mouvement passé, elle retomba dans une mélancolie plus profonde, et d'où rien ne la put arracher, ni les caresses, ni les protestations, ni les folâtres saillies, ni les tendres reproches.

— Enfin! s'écria-t-il, désolé lui-même, tant de tristesse n'est pas naturelle. Vous me serrez le cœur, Violette, vous ne m'aimez donc plus?

— Oh! dit Violette en joignant les mains.

— Alors égayez-vous, puisque vous me voyez gai; rassurez-vous, puisque vous me voyez tranquille; n'offensez pas Dieu, qui a tout fait pour nous, par un visage sombre et un cœur mécontent.

— Il est des impressions qu'on ne peut vaincre, murmura-t-elle. Tout, je ne sais pourquoi, me glace et m'épouvante.

— Vous allez quitter cette maison, rassurez-vous.

— Partons tout de suite.

— Vous savez bien que c'est impossible, répliqua Belair en haussant doucement les épaules. Vous ressemblez aux enfants pour qui l'on fait cuire un gâteau et qui le veulent avoir avant qu'il soit fait. Ce n'est pas aujourd'hui que vous pouvez partir, c'est demain.

— Eh bien! repartit la jeune femme avec un frisson involontaire, ne m'empêchez donc pas de m'inquiéter et de pleurer jusqu'à demain. Oh! ne vous irritez pas, comprenez-moi, fussé-je incompréhensible.

— C'est vrai, répondit Belair, et je vous plains bien ; toujours enfermée, toujours tremblant de poser le pied sur ces parquets qui craquent, de peur qu'on ne vous entende au-dessous; toujours éloignée de cette fenêtre, la seule issue ouverte à l'air et au soleil, effarée au moindre bruit, imprégnée avec terreur de cette vapeur noire qui, de chez le voisin, la nuit jusqu'à vous comme la mystérieuse pensée de cet homme; et puis ce sifflement monotone des eaux sur l'arête de l'arche, les cris lugubres des mariniers, l'ébranlement perpétuel des solives vermoulues de cette masure, que le vent secoue en ses grandes tournées; oui, chère petite amie, tout cela est effrayant pour une pauvre femme. Mais enfin, tout cela finit demain; n'y pensez plus; anticipez un peu sur le bonheur que demain nous promet à tous deux.

— Mon ami, dit Violette, en serrant convulsivement Belair sur son sein tremblant, mon ami, vous m'allez encore reprocher ce que je vais vous dire, mais je veux vous le dire avec un visage calme, avec des yeux bien assurés, avec une bouche souriante, et alors vous ne m'accuserez pas d'être une peureuse, un enfant exigeant. Non, ce n'est pas la solitude, ce n'est pas le bruit de l'eau, ce n'est pas non plus la fragilité de cette maison qui m'inquiètent... J'ai réfléchi sur tout cela — la solitude est ma sauvegarde, l'eau qui bruit est mon rempart, la fragile maison suffira bien à porter notre nid ; il n'est pas jusqu'à ce fumeur, notre voisin silencieux, sur lequel je n'aie aussi bâti mes commentaires — certes, il ne me connaît guère, il ne me soupçonne même pas, — notre vieux propriétaire a eu tout intérêt à lui cacher sa voisine comme il m'a caché à moi mon voisin. Rien de plus déraisonnable, de plus insensé que le frisson qui parcourt mes veines quand je pense à tout cela. Vos paroles tout-à-l'heure eussent dû achever de me faire joyeuse et patiente, car enfin, demain, c'est dans quelques heures; mais que voulez-vous, la vérité m'échappe ; je vous regarde en face, n'est-ce pas, je vous souris comme je vous aime, je comprends que vous me dites: A demain! et je souffre. Oh! je souffre mon cher amant, parce que malgré tous mes efforts pour élever ma pensée à l'unisson de la vôtre, je ne sens ni dans mon cœur, ni dans mon esprit, ni dans mon ame, ni en moi, ni hors de moi, je ne sens pas ce demain qui nous rendrait si heureux.

Elle prononça ces mots avec un accent de douleur, avec une conviction désespérée qui firent sur le jeune homme une impression inexprimable. La lueur de ces doux yeux lui parut sinistre, le sourire, subitement effacé de ce pâle visage lui sembla l'effrayante transition de la vie à la mort.

— Hélas! repliqua-t-il en frémissant malgré lui, si c'est ainsi que vous me donnez du courage...

— Vous avez donc besoin de courage? dit-elle.

— Je ne sais plus ce que je dis, vous m'avez troublé l'esprit. J'étais gai, j'étais en plein rêve d'espoir et de lumière; vous me réveillez, je ne vois plus que ténèbres, vous me dégoûtez de tout ce que j'avais désiré si ardemment.

Il baissa la tête pour cacher son émotion sous les dehors d'une tendre bouderie.

Violette vint s'asseoir entre ses bras.

—Ne pensons plus à ces laides terreurs, dit-elle, et puisque nous ne devons plus nous quitter...

Il fit un mouvement.

— Pourquoi avez-vous tressailli ? demanda Violette.

— Rien, oh rien.

— Est-ce que vous ne devez pas rester près de moi !

— J'avais promis à nos amis de paraître le plus possible ce soir à Versailles, afin de n'exciter aucun soupçon : je m'étais même engagé à dire chez madame la marquise le final du deuxième acte d'Athalie, les strophes du lys et de l'impie : mais puisque vous désirez me voir rester, je resterai, Violette. Oh! mon amour, pourrai-je vouloir vous causer un chagrin! on m'attendra s'il le faut, à Versailles, mais que ma tendre amie ne pleure pas!

En disant ces mots il pressait sur son cœur avec des sanglots et des baisers pleins de larmes la jeune femme qui renaissait à la flamme de cet amour passionné.

— Non, reprit-elle, pas d'imprudence à cause de mes sottes faiblesses, obéissez à nos amis, ne mécontentez pas madame de Maintenon, notre auguste protectrice, je redeviens raisonnable ; tenez, ne voilà-t-il pas le vieux juif qui part, c'est l'heure de sa retraite, il me semble l'avoir entendu verrouiller sa porte.

— Et la porte de l'escalier se ferme aussi, dit Belair, votre voisin, ce terrible fumeur s'en va sans doute comme d'habitude racler la mandoline dans l'île St-Louis, sous quelque vieux balcon. Passera-t-il par la rivière ou par le pont ? Attendez que je voie.

— Ne vous montrez pas à la fenêtre !

qu'il prenne l'un ou l'autre chemin, que vous importe? Ne vous éloignez pas de moi, le frisson me reprend quand vous n'êtes plus là.

—Je resterai, alors, s'écria Belair d'un ton vif, avec une légère nuance de mécontentement.

— Allons, allons, jugez-moi plus favorablement : c'est fini. — Tenez, comme je suis brave! — Je vais, avant de me coucher, faire tous mes petits préparatifs.—Non, je ne préparerai rien... je ne me coucherai pas... Les nuits ne sont pas longues, n'est-ce pas, en cette saison ?... le jour vient à deux heures et demie. Il en est neuf, c'est cinq heures à passer...

— Mon Dieu! Violette, que vous me faites mal! s'écria Bélair, en crispant ses doigts avec angoisse. Dites-moi que vous voulez me voir rester. Demeurons tous deux, c'est plus court et plus sage. Me voilà décidé, je reste avec vous; mais épargnez-moi : je ne comprends rien à votre agitation, à votre malaise, et j'en meurs de déplaisir.

Violette, passant ses deux bras charmants au cou de son ami, l'apaisa d'un baiser en retenant son cœur qui bondissait jusqu'à ses lèvres.

— A quelle heure avez-vous promis d'être à Versailles? dit-elle.

— A neuf heures et demie ou dix heures, pendant le souper du roi.

— Oh! déjà... murmura Violette.

— Je n'y serai pas avant dix heures et demie en galopant bien fort.

— Partez donc, balbutia-t-elle avec un soupir de désespoir.

Belair inquiet, agité comme elle, allait et venait toujours arrêté au passage par ces bras languissants et ce regard chargé d'une douloureuse tendresse.

— Dites bien à M. de Lavernie, continua la jeune femme, renversée et palpitante, que je l'aimais comme un frère.

— Que vous l'aimiez ?... mais vous l'aimez toujours, je suppose ?

— Embrassez pour moi ce digne Jaspin ! Ah !... une caresse bien tendre au bon petit chien Amour... un de nos amis, aussi.

Elle s'aperçut que son émotion la reprenait et gagnait Belair lui-même. Quand la voix s'arrête au gosier, les larmes montent bien vite aux paupières.

— Partez, mon tendre cœur; pars mon doux ami, dit-elle ; jamais je ne t'ai aimé comme en ce moment... Dis encore que tu m'aimes, laisse-moi cette dernière parole scellée par ton dernier baiser !

Belair tout éperdu, tout enivré de ses lugubres caresses :

— Tu as raison, dit-il, Violette, nos cœurs n'avaient jamais parlé ainsi. Je sais bien qu'ils ne peuvent nous présager que joie et que tranquillité, mais enfin, obéissons à l'instinct qui nous pousse. Je vole à Versailles, j'accomplis la promesse que j'ai faite à la marquise, et je reviens. Oh! ne crains pas pour moi la fatigue. Gérard a des chevaux vites comme le vent; ils ne portent pas; ils enlèvent. Tu me reverras, Violette, avant que le jour ait blanchi tes vîtres... D'ici-là, tu n'auras pas peur, n'est-ce pas ?

— Non! non! reste à Versailles... le ciel est noir, l'orage menace; regarde les nuées qui se déchirent silencieusement.

— Je reviendrai, te dis-je, dis-moi adieu!

Elle frissonna, et ne pouvant prononcer ce mot, se tordit de douleur dans les bras du jeune homme.

Déjà il gagnait la fenêtre en saisissant l'échelle, elle courut après lui et l'étreignit si nerveusement qu'il chancela

— Adieu! dit-elle enfin avec un effort qui brisa sa voix et son cœur.

Ce cri étrange vibrait encore dans l'o-

reille de Belair lorsqu'il toucha la rive.
Il se retourna; blanche et droite dans le
sombre encadrement de la fenêtre, son
amie lui faisait signe encore, et un nouvel adieu prononcé sur le même ton mélancolique glissa jusqu'à lui parmi les
gémissements de la rivière.

— imprudente! se dit Belair attendri;
par bonheur le voisin n'est plus là pour
entendre...

Et il monta rapidement la berge. Au
détour du quai il regarda encore, mais
la douce vision avait disparu.

Non, ce voisin mystérieux n'était plus à portée d'entendre. Lui qui n'avait pas d'adieux à faire, il était sorti tranquillement comme d'habitude, avait pris le chemin dans lequel nous avons vu Gérard le suivre, et bientôt il arpentait la rue Richelieu en observant les abords de l'hôtel Louvois.

Une bonne heure environ s'écoula, pendant laquelle il répéta plus de vingt fois :

— Aurai-je plus de chance aujourd'hui ? Ce voyage qu'il fait ne sera pourtant pas éternel.

Et le promeneur inquiet regardait à la fois de quatre côtés.

Tout-à-coup il vit de loin, arriver par le bout le plus obscur de la rue, longeant les rares maisons, et cherchant l'ombre, un homme qui marchait rapidement malgré toutes les précautions qu'il semblait prendre pour n'être pas vu. C'était Desbuttes qui, rafraîchi par la course et mieux éclairé sur sa situation avait jugé prudent de ne pas aggraver par quelque démarche inconsidérée la colère du ministre, et de venir chercher à l'hôtel, avant que Louvois y eût reparu, certains papiers et certain sac, cachés dans la chambre qu'on lui prêtait, débris trop minces, hélas! de sa splendeur si vite écroulée. Il se hâtait donc pour précéder à l'hôtel-Louvois la renommée de sa mésaventure.

Cette basse tournure, ce gros dos, ces petites jambes, frappèrent notre guetteur, qui coupa aussitôt la rue à angle droit pour se trouver en face du nouveau venu.

Celui-ci voulut éviter la rencontre, mais le vaste compas du curieux mesurait par seconde quatre pieds au moins; les deux hommes se rencontrèrent sous une lanterne.

— Desbuttes!... c'est bien lui, s'écria le grand arpenteur.

— La Goberge!... murmura Desbuttes épouvanté, car en ce moment il aurait eu peur d'un enfant.

Instinctivement, les deux amis se retirèrent au plus épais de l'ombre.

— En quel état, bon Dieu! dit le maître d'armes qui palpait les habits déchirés du financier, t'aurait-on fait quelque injure? t'a-t-on volé?

— Dépouillé, assassiné! balbutia le

petit homme; mais laisse-moi courir où j'ai affaire.

— Oh! non; je te tiens, je ne te quitte plus.

— Un quart d'heure seulement, et je te réponds bien que je reviendrai; je n'ai pas envie de prendre racine dans cet endroit maudit.

— Où vas-tu donc?

— A l'hôtel Louvois.

— Mais tu as du sang au visage!

— Puisque je te dis qu'on m'a assassiné!

— Qui?

— Ce scélérat de Louvois, mon protecteur.

— Louvois t'a battu! Vous êtes donc brouillés? dit La Goberge avec un tressaillement de joie qui fit jouer tous les muscles de sa hideuse figure.

— A mort!

— Et tu rentres chez lui!

— Pour y prendre mes hardes.

— Malheureux! tu es brouillé avec Louvois et tu te risques dans sa caverne!

— Il n'y est pas, je l'ai quitté à Bondy.

— Qu'en sais-tu?... dit d'une voix glaçante le maître d'armes, ce diable d'homme ne rentre-t-il pas, quand il veut, par dessous terre? Sait-on jamais où est Louvois? n'est-il pas partout?...

— Au fait! dit Desbuttes avec un commencement d'inquiétude.

— Crois-moi, ne séjourne même pas dans sa rue, l'air en est pernicieux.

— Mais tout ce qui me reste est là, dans cet hôtel, cent pistoles !

— Et tes millions... avec lesquels tu payais des secrétaires ?

— Oh ! mon ami... j'ai tout perdu...

— L'ordonnance qui fait rendre gorge à la maltôte, n'est-ce pas ?

— Tu sais cela ?

— Pardieu !...

— Je suis ruiné, mon cher, en bas de l'échelle. Mon infâme maître m'a précipité !

— Et moi en haut, dit le maître d'armes en se rengorgeant; mon excellent maître m'a mis au pinacle!

Desbuttes le regarda douloureusement.

— Ainsi va le monde! soupira-t-il.

— Et moi qui suis un bon compagnon, et non pas un égoïste comme certaines gens de ma connaissance, j'ai pensé tout d'abord à un ancien ami, j'ai ruminé certains plans : je viens t'aider à remonter :

— Serait-il vrai?

— Eprouve!

— Tu me ferais gagner...

— La moitié de cinq cent mille livres.

— Sur ta parole?

— Sur une bonne signature!

— A quoi faire?

— A te venger.

— De qui?

— Je ne te dirai pas cela dans le quartier où nous sommes.

— Mais enfin?...

— Oh! j'ai assez perdu de temps à t'attendre depuis dix mortels jours... Te voilà, me voilà, l'occasion est belle, je suis pressé, hâtons-nous.

— Tu m'attendais!... tu avais donc besoin de moi? dit Desbuttes avec cette défiance bien naturelle entre deux honnêtes gens de cette trempe.

— Mais oui.

— Explique au moins...

— Rien ici.

— Où, alors?

— Tu verras.

— Je ne ferai point un pas sans avoir trouvé un tailleur pour réparer cet habit qui me déshonore. Je n'ose passer devant les lanternes.

— Il s'agit bien d'un tailleur!

— Je n'irai nulle part sans cela. On a son orgueil.

— Chez le premier mercier venu, j'achèterai du fil, des aiguilles et je te recoudrai moi-même en causant. Tiens, voilà notre affaire au coin de la rue des Fossés-Montmartre.

— Mais pour laver ma figure.

— La rivière.

— Où allons-nous ?

— Chez moi.

— Est-ce loin?

— Pont Marie.

— Tu ne me trompes pas au moins!

— Viens donc.

Et les deux coquins, après que La Goberge eut fait l'acquisition qu'exigeait l'orgueil de Desbuttes, se dirigèrent à pas précipités vers la maison du Pont-Marie.

III

OEUVRE SANS NOM.

Une demi-heure après, le maître d'armes guidait son digne ami dans les détours obscurs de la maison.

Lorsqu'il eut allumé une lampe et que

Desbuttes aperçut les murs sombres et nus de la salle basse, les meubles trop rares, les solives enfumées du plafond, toute cette industrie parcimonieuse, destinée à cacher la misère du logis, il ne put s'empêcher de sourire.

— Je comprends, dit La Goberge, tu n'admires pas mon mobilier, ni même ma chambre, mais je cherchais mes sûretés, vois-tu, et l'on n'est pas en sûreté dans les palais. Cette maison donne sur la rivière; dix pieds de corde à nœuds, et je suis dehors. Cette maison n'a pas d'habitants; je n'y ai jamais rencontré personne. Ecoute un peu quel magnifique silence... Excepté le vieux juif à qui j'ai loué et quelques amoureux, couples passagers qui ne se soucient pas de moi, ni moi d'eux, je ne crois pas que nul connaisse cette masure. Or, j'avais grand besoin de me cacher, comme tu penses, car si Louvois avait pu mettre sur moi sa lourde main, j'étais perdu, et je ne venais pas à Paris dans cette intention. Voyons, n'expertise pas ainsi mes meubles et assieds-toi.

Il approcha un escabeau de vieille tapisserie à pieds torses, et s'assit lui-même dans un fauteuil, la table et la lampe entre eux.

— Tu n'es pas à ton aise, poursuivit La Goberge.

— Je voudrais de l'eau.

— Oh! quelle voix rauque!... Est-ce la soif qui t'a étranglé... ou Louvois?... Je crois qu'il te faudrait plutôt un coup de vin. En voici, et du meilleur.

La Goberge remarqua parfaitement cette réserve.

Il se leva pour prendre une bouteille dans une petite armoire à trois angles, et versa rasade à son ami, qui ne but point avant de l'avoir vu boire.

— Que penses-tu donc de moi, imbécile, dit-il avec sa rude familiarité; si je te voulais du mal, j'eusse pu t'en faire dehors. Et encore une fois, puisque j'ai besoin de toi, fie-toi donc à mon hospitalité.

— C'est que, balbutia Desbuttes d'une voix à peine intelligible et en promenant encore son regard inquiet autour de lui, on ne sait en vérité pas où l'on est.

Il toucha un pan de la vieille tenture de cuir déchiqueté, qui pendait à la muraille.

— Ah! oui, tu veux voir si je n'ai caché personne pour t'entendre, dit La Goberge — visitons les localités — regarde sous mon lit, sous ma table, sous mon fauteuil, palpe le cuir.

Desbuttes tout en ricanant faisait la visite domiciliaire. Il toucha une porte parallèle à celle de l'escalier.

— Ceci, dit La Goberge est une sorte de cabinet de toilette — pour ceux qui feraient de la toilette. Quatre murs nus et noirs, sans fenêtre et sans issue, regarde.

Et, levant sa lampe, il montra en effet

l'intérieur vide de ce cabinet à son confiant ami.

— Commences-tu à te rassurer un peu, dit-il, oui, n'est-ce pas? Eh bien! assieds-toi, bois et causons.

Desbuttes s'assit et regarda piteusement son habit.

— A propos, tout en causant, reprit La Goberge, je te raccommoderai. — Donne-moi ton habit; je puis bien faire pour toi ce que j'ai fait cent fois pour moi-même, et mets en guise de manteau ce grand vieux sac à bois sur les épaules.

Il prit le fil, une grosse aiguille et commença, non sans dextérité, les réparations promises.

Desbuttes s'accouda sur la table, en le regardant, et La Goberge entama l'entretien :

— Donc, tu es ruiné et je suis riche, tu as été chassé par ton maître, et moi, je suis adoré du mien.

Desbuttes fit un signe d'assentiment.

— Donc, tu m'as offert autrefois d'entrer à ton service, et moi, je t'offre de t'enrichir.

— A quelles conditions?

— Là! là! pas si vite... jeune lion!... voilà déjà un bouton recousu, et avec un fil auquel on pendrait un homme. — Conte-moi un peu ta mésaventure, que nous ayons le temps de nous reconnaître.

Desbuttes abrégea, mais n'omit rien d'important dans ses démêlés avec le ministre.

— Je vois, qu'en effet, dit La Goberge, c'est entre vous une querelle sérieuse.

— Peste, quels ongles il a!... voilà un accroc d'au moins trois pouces, et dans la broderie — mettons le fil en trois. Avoue que j'ai sagement fait de changer un pareil maître, contre celui que j'ai choisi.

— Tu ne m'as pas dit quel est ton maître.

— Un hollandais, qu'il est inutile de te nommer pour l'instant, riche à cinquante millions, et qui les sème.

— Que c'est beau! soupira Desbuttes... et tu ramasses?

— Il les sème, c'est vrai, mais de manière à se faire pousser toutes ses petites fantaisies.

— C'est bien naturel.

— Ainsi, par exemple, il en a une en ce moment, une qui l'obsède. Tu sais ce que c'est que d'avoir envie d'une chose?

— Oh! oui, j'aurais bien envie, moi,

des deux cent cinquante mille livres dont tu me parlais dans la rue de Richelieu.

— Précisément, j'y arrive. Mon maître a envie de rendre à quelqu'un tout le mal que ce quelqu'un lui a fait. C'est une fantaisie comme une autre, et si je te disais comment ce quelqu'un s'appelle, tu le comprendrais encore mieux.

Desbuttes ouvrit de grands yeux et redoubla d'attention.

La Goberge, se rapprochant, comme l'autre se rapprochait, enfila patiemment une grosse aiguillée de son énorme fil. Desbuttes lui arrêta la main. Cette preuve de l'intérêt qu'il excitait, fit sourire le maître-d'armes.

— Oui, il y a là une histoire de femme séduite, assassinée, que sais-je, — tu n'as pas besoin de la savoir. — Le principal c'est que mon maître rêve continuellement qu'il est débarrassé de son ennemi; il s'est logé cela dans la tête; enfin, tu vas voir jusqu'où il pousse sa fantaisie. N'a-t-il pas promis cinq cent mille livres au premier qui lui viendrait annoncer que son ennemi est mort?

— C'est en effet une idée fantasque, dit Desbuttes.

— Je la trouve telle.

— Et puis, promettre et tenir... sont deux.

— Oh ! il a fait mieux que promettre, il a signé. Or, quand mynheer, mon maître, a signé une chose, elle se fait ou se fera.

— Mais, dit Desbuttes, quand bien même il aurait signé cela, cette signature ne fera pas mourir l'ennemi en question. On vit cinquante ans malgré une signature pareille.

— Eh bien! je ne suis pas de ton avis, je dis que c'est malsain. Un philosophe, je ne sais plus au juste lequel, affirmait que la haine des gens puissants ressemble à la colère des serpents et autres bêtes venimeuses, et qu'elle dégage des vapeurs tout-à-fait nuisibles, or, quand une haine est de force à signer des bons de cinq cent mille livres, quelle terrible vapeur!

— Cela dépend des gens contre qui cette vapeur est lancée. S'ils sont de taille à résister, si le serpent souffle sur le serpent, les deux venins se neutralisent.

— Je ne crois pas, dit froidement La

Goberge; mais si tu as cette idée, n'en parlons plus.

— Explique-toi mieux, interrompit Desbuttes, que le refroidissement subit de son ami inquiétait pour les 250,000 livres. — Mais tu ne cesses de parler par paraboles : tu racontes que ton maître a un ennemi dont il voudrait être débarrassé, et tu ne me nommes ni cet ennemi ni ton maître. — Tu me parles, d'une part de 250,000 livres à gagner, et tu ne me dis pas ce qu'il faut faire. — Or, je te connais assez pour soupçonner que tu me feras bien gagner mon argent. Enfin, tu annonces une signature de ce crésus, et tu ne me la montres pas. Que veux-tu que je promette, ou seulement que je comprenne?

— Tu as raison, dit la Goberge après un moment de silence, et je ne sais vraiment pas pourquoi je tourne ainsi autour du buisson. Je vais répondre d'un seul coup à tes trois questions.

Il se leva, retourna brusquement son fauteuil massif, dans un pied duquel au fond du bois creusé, il prit un papier qu'il déploya et mit, en l'aplatissant avec sa large main, sur la table devant Desbuttes.

C'était l'engagement de Van Graaft.

— Louvois ! s'écria sourdement Desbuttes lorsqu'il eut fini de lire.

— Louvois est en effet l'ennemi dont mon maître voudrait être débarrassé.

— Un serpent capable de se défendre !

— Qui parle de l'attaquer? dit La Goberge. Est-ce écrit sur ce papier?

— Je comprends l'importance de la

somme, continua Desbuttes, de plus en plus troublé par le terrible nom; mais si fort affriandé qu'on puisse être, on ne la tient pas.

— C'est une question de temps, dit La Goberge, en attachant sur Desbuttes son œil féroce; je ne suppose pas que Louvois soit immortel.

— Heureusement, non.

— Eh bien! s'il doit mourir, comme tout le monde, tu admets bien qu'il y aura une personne quelconque qui, la première, saura sa mort.

— Certes !

— Cette personne-là n'a qu'à se présenter chez M. Van Graaft; comme elle aura réalisé la fantaisie de mynheer, mynheer paira les cinq cent mille livres, ainsi qu'il s'y est engagé.

— Je comprends.

— Et, j'avais pensé que toi, qui vivais dans l'intimité du grand ministre, et le voyais à toute heure du jour, tu serais un des premiers informé de l'accident s'il avait lieu... Or, tu m'aurais averti, et nous aurions partagé — en amis — voilà tout — c'est tellement simple, que si M. de Louvois était là, dans un coin à nous écouter, il n'aurait pas le droit de se fâcher de ce que nous disons.

Desbuttes, à la seule idée de cette présence du ministre, trembla des pieds à la tête. La Goberge le rassura par son rire diabolique.

— Le malheur, reprit Desbuttes, c'est qu'à dater de ce jour je ne serai plus assez près de Louvois pour surveiller sa santé.

— Que c'est fâcheux que tu sois brouillé avec lui, juste au moment...

— Où j'aurais pu prévoir ses maladies?

- Mais oui... nous avons aujourd'hui des maladies si rapides!... elles arrivent comme l'éclair!

— Quel dommage, dit Desbuttes, qu'on ne puisse pas distribuer ces maladies-là comme on voudrait!

— J'en ai vu, répliqua La Goberge, qui vous troussaient un homme en six heures, en quatre, en deux!

— Et si personne n'est là, on ne sait l'évènement qu'après tout le monde.

— Et alors, on perd les cinq cent mille livres.

— Il y aurait un moyen, fit Desbuttes, mais je ne suis plus dans la maison.

— Dis toujours.

— Ce que tu racontais de ce philosophe, tout-à-l'heure, au sujet des haines et des serpents, m'a décidément frappé. Sais-tu que je hais démésurément M. de Louvois ?

— Je le crois bien.

— Et que si je me trouvais près de lui, ma haine dégagerait une vapeur extrêmement pernicieuse — tout ciron que je suis, je parie que je le rends malade !

— Sans compter que ce serait une très-bonne spéculation — car, s'il tombait malade de la sorte, tu le saurais le premier, nécessairement.

— Parbleu !

— Eh bien ! si l'on essayait... rien que pour voir.

— Essayons, je demanderai à quelque

chimiste de mes amis, une recette pour donner tant d'âcreté à ma vapeur haineuse...

— Oh!... que ne disais-tu cela tout de suite; tu me fais souvenir que j'ai une de ces recettes-là. Je suis si rancunier!

La Goberge tira lentement de sa longue poche, une petite boîte de vermeil, fermée à vis, et qui renfermait une fiole qu'il fit briller à la lampe.

— Que c'est blanc et brillant! dit Desbuttes en frissonnant.

— Je m'étonnerais bien s'il n'y avait

là-dedans une belle maladie. continua La Goberge.

— Donne! fit précipitamment le financier, jetant tout-à-fait le masque.

— Mais, puisque tu ne peux retourner à l'hôtel Louvois! dit La Goberge.

— Je puis aller à la surintendance, à Versailles. J'entrerai par les jardins, avant le jour : le mur de l'espalier est bas. Le cabinet du ministre est au rez-de-chaussée; derrière ce cabinet, où je n'ai pas même besoin d'entrer, est un office dans lequel on met chaque soir l'eau de Forges qu'il doit boire le lendemain. Nul ne m'aura vu entrer, nul ne me verra sortir. Voilà comme je parle, moi! Est-ce clair? est-ce net? me fais-je comprendre?... A ton tour.

— Je continue, dit La Goberge, et je serai aussi clair que toi. Quand vas-tu à Versailles?

— Quand tu voudras!

— Nous choisirons notre temps — d'ici là, je ne te quittes plus, tu ne t'en étonneras pas; tu pars pour la surintendance — je t'accompagne — ce que tu risques, je puis bien le risquer. — Louvois ne m'en veut pas plus qu'à toi. — d'ailleurs, si tu avais mal calculé, si nous étions surpris, — cela s'est vu, hélas! — Comme on nous ferait subir mille abominables tortures, je t'avertis qu'avec l'un de ces pistolets, je te tue sans douleur, et me tue aussitôt avec l'autre. — Si au contraire tu as réussi, si la maladie est bien inoculée, sûr de toi, je t'escorte et nous allons toucher ensemble les cinq cent mille livres, suis-je net et loyal à mon tour?

— Mais, puisque tu viens à Versailles, dit Desbuttes, avec défiance, je n'y suis pas nécessaire. Et si tu n'as pas besoin de moi, pourquoi m'offrir 250,000 livres? Tu te fais tort. Plus je réfléchis, plus je trouve que tu pourrais te passer de moi. N'étais-tu pas aussi intime que moi dans la maison du ministre? N'en connais-tu pas aussi bien que moi les êtres?

— Je me fusse passé de toi certainement, dit La Goberge, si depuis mon départ pour la Hollande, tout le bâtiment de la surintendance n'eût été restauré avec des distributions nouvelles; — je m'y perdrais, — toi, au contraire, nouveau dans la maison, tu peux y marcher les yeux bandés.

— Et... ce bon de M. Van Graaft?... qui de nous le gardera? ce serait bien imprudent de le porter sur toi.

— Oh! n'aie pas peur, je ne puis rien sans toi; tandis que sans moi, tu peux tout; c'est à moi de réclamer des garanties. D'ailleurs, nous ne nous quitterons plus désormais. Au retour de Versailles, nous prendrons le billet dans le pied de mon fauteuil, et comme deux frères, nous le présenterons à la caisse. Replace toi-même ce papier.

Desbuttes relut le bon, et le déposa au

fond du pied creusé qui se fermait avec une câle tournant sur un clou.

— Tu es content? dit La Goberge.

— Enchanté.

— Si tout est convenu, donne-moi ta main, et jurons, sur notre foi, d'en finir au plus vite.

Les deux scélérats se pressèrent la main.

— Foi de La Goberge! dit l'un emphatiquement.

— Foi de Desbuttes! dit l'autre d'une voix sonore.

Tout-à-coup un cri, qui semblait parti du plafond, répondit à ces deux noms sinistres, et fit dresser l'oreille aux meurtriers, et en même temps une chute pesante ébranla les solives et secoua la poussière de ces bois vermoulus.

— Il y a quelqu'un là-haut, murmura Desbuttes, le front glacé de sueur.

— Oui. répliqua le maître d'armes en pâlissant.

— Tu m'avais dit que nous étions seuls dans cette maison...

— Je le croyais.

— On marche, on s'agite...

— Les pas d'une personne effrayée.

— Il faut savoir ce que c'est.

— Montons !

La Goberge donna son épée à Desbuttes, et prit ses pistolets.

— Et la lumière! dit Desbuttes.

— Pour qu'on nous reconnaisse, malheureux!

Ils se dirigèrent, en tâtonnant, vers les montées : des éclairs blafards blanchissaient les murs de l'escalier, La Goberge vint se heurter à la porte de Violette.

Un petit cri étouffé s'en échappa.

— Qui est là? demanda le maître d'armes.

— Rien ne répondit. Il heurta et interrogea encore.

— Répondrez-vous ! dit-il, ou j'enfonce la porte.

Même silence.

— Ils ont peur, c'est qu'ils ont entendu, murmura La Goberge, en appuyant son épaule robuste sur la porte qui craqua.

— Aide-moi donc, dit-il à son compagnon qui donna une vigoureuse secousse en arcboutant son pied sur le mur parallèle.

Les gonds arrachés cédèrent, un dernier choc les enleva.

L'horrible cri parti du fond de la chambre les guida vers le lit, dans les rideaux duquel se roulait une créature à moitié morte de terreur. Quand les bras hideux de ces monstres s'approchèrent d'elle, l'infortunée bondit hors de sa cachette, et courut éperdue jusqu'à la fenêtre qui se trouva fermée, sans quoi elle se fût précipitée; alors; elle s'élança par la porte restée ouverte, descendit l'escalier; mais, trébuchant aux dernières marches, elle fut saisie par La Goberge, qui la poussa chez lui, tandis que Desbuttes approchait la lampe.

C'en était trop, et le hurlement qu'ils

laissèrent échapper en reconnaissant Violette ne fut pas du moins entendu par elle. La pauvre enfant venait de perdre connaissance et gisait évanouie sur le parquet.

— Nous sommes perdus! dit La Goberge.

— Perdus!... répéta l'autre.

— Elle a tout entendu.

— Es-tu sûr?...

La Goberge rassembla ses idées et lui dit :

— Monte dans sa chambre.

— Pourquoi?

— Tu écouteras au parquet, et moi je parlerai. Eh bien, tu hésites... as-tu peur?

— Et tu vas rester avec elle ici? dit Desbuttes en considérant avec épouvante la livide figure du scélérat qui couvait Violette d'un regard effrayant.

— Monte, te dis je, et si tu entends distinctement mes paroles...

— Eh bien ?

— Eh bien, c'est qu'elle nous aura entendus; et il ne faut pas qu'elle nous dénonce...

— Que veux-tu donc faire d'elle ?

— Je n'ai pas besoin de toi, monte!

Desbuttes ne pouvait se résoudre à obéir. Il lui semblait qu'en abandonnant cette femme sans défense à son féroce compagnon, il commettait le plus monstrueux des forfaits.

La Goberge lui montra l'escalier d'un geste irrésistible de menace.

Le lâche partit en chancelant. A chaque pas qu'il faisait son pied plus pesant croyait traîner l'escalier tout entier. Il s'agenouilla dans cette petite chambre où tant d'amour et de beauté avait laissé son parfum.

—Tu m'entends? dit d'en bas la voix de La Goberge qui monta sonore au travers du parquet.

— Oui, murmura-t-il.

— Et quand je parle ainsi... continua

le brigand en baissant la voix, m'entends-tu encore?

— Oui, dit plus faiblement Desbuttes.

— C'est bien...

Un épouvantable silence se fit à l'étage inférieur, et pendant ce silence, Desbuttes sentait ses cheveux se hérisser. Un soupir étouffé, coupé par un cri lamentable, le fit bondir jusqu'à l'escalier. Il chercha des yeux la malheureuse femme, et ne vit plus sur le parquet que ce vieux sac dont il s'était fait un manteau. Le sac n'était plus vide, il avait pris la forme d'un cadavre.

Aussitôt la lampe s'éteignit.

Tremblant de peur et de remords, Desbuttes s'assit sur la dernière marche, ses genoux s'entrechoquaient, ses dents claquaient à se briser. Le misérable pleura.

Cependant le meurtrier ayant descellé l'une des deux pierres qui formaient le seuil de sa porte, glissa péniblement cette masse pesante au fond du sac.

— Tu m'aideras bien au moins à porter tout cela en haut, dit-il à son pâle complice. La fenêtre de l'escalier est trop étroite, il me faut aller jusqu'à celle de la chambre.

Soutiens seulement la pierre, ajouta-t-il, pour me soulager, tandis que je monterai.

Dieu, qui n'avait pas foudroyé ces infâmes, Dieu, dont le tonnerre est un châtiment trop noble et trop doux pour les assassins, Dieu terrible, inspira la plus épouvantable vengeance à l'avidité de ce lâche pour punir l'avidité de cet assassin. Desbuttes alla silencieusement prendre sur la table l'aiguille et le fil laissés par La Goberge; puis, tandis que celui-ci gravissait lentement les degrés, sous le poids, dont Desbuttes soutenait une extrémité avec son genou, l'œuvre infernale s'accomplit rapidement, sûrement, dans les ténèbres.

La Goberge, arrivé près de la fenêtre, qu'il ouvrit, s'inclina et secoua son épaule pour laisser glisser le fardeau par-dessus sa tête : tout-à-coup, il perdit l'équilibre, le poids l'entraînait, l'emportait, malgré sa résistance — Desbuttes l'avait cousu par son habit au sac qui renfermait la pierre et le cadavre. L'impulsion qu'il donna brusquement accéléra la chute. L'eau mugissante éteignit un dernier blasphême, et la victime retint au fond le meurtrier.

Alors Desbuttes effaré, livide, abasourdi de son triomphe, redescendit à l'étage inférieur, prit le bon de Van Graaft, la boite de vermeil, et se jeta hors de cette maison maudite, en murmurant:

— Demain, j'aurai gagné les 500,000 liv. à moi seul.

Et trois heures après, il franchissait le petit escalier de la surintendance à Versailles.

IV

LE PRÉSENT DE NOCES.

Le roi était entré, selon son habitude, chez la marquise de Maintenon avant son souper, à l'heure où Gérard et Jaspin venaient d'échapper à Louvois et se dirigeaient en toute hâte sur Versailles.

Depuis l'audacieux engagement qu'avait pris avec lui son ministre, Louis flottait, comme il arrive toujours, entre deux défiances : l'une intéressait son orgueil, l'autre menaçait sa fortune royale. Le ministre s'était posé enfin comme l'antagoniste de la femme favorite; un choix devenait inévitable, et de quelque côté que le roi arrêtât ses regards, il voyait un abîme ouvert pour engloutir une de ses dernières illusions.

Depuis tant d'années qu'il caressait cette chimère d'une amie fidèle ou d'un serviteur dévoué, faible comme tous ceux qui espèrent, il avait pardonné à la favorite toutes les calomnies dont elle était l'objet, au ministre toutes les brutalités, tous les abus de pouvoir dont il s'était rendu coupable; il avait, faut-il le dire, nommé sa femme à un ministère et épousé son ministre. Qu'allait-il résulter de l'écroulement d'un de ces deux pouvoirs si complaisamment, si solidement édifiés par lui depuis longues années?

Ces réflexions avaient augmenté chez le roi la tristesse et l'hésitation. Circonspect, dissimulé comme les princes de sa race, il n'avait cependant rien abandonné aux perplexités du moment, et, déchiré qu'il était par la communication que Louvois avait osé lui faire, il ne se croyait pas le droit de montrer au public un visage assombri : aussi l'avait-on vu travailler à l'ordinaire, rendre au roi Jacques et à la reine sa femme une visite à Saint-Germain, et dans ses différents rapports avec les courtisans ou les autres ministres, il n'avait rien témoigné qui pût donner à penser sur la marquise ou sur Louvois.

Mais, lorsqu'il eut fait le roi toute la journée et qu'il vit approcher l'heure à laquelle passant chez sa femme, il déposait le masque en présence d'une amie, confidente dévouée, intelligente, de ses ennuis et de ses projets, Louis XIV se sentit plus faible et plus désarmé qu'un homme ordinaire, — car le simple bourgeois, au lieu de nourrir en son cœur le silencieux serpent qui le mordait, se fût hâté de prendre la main de sa femme, de l'amener au jour d'une lampe, de la regarder dans les yeux et de lui dire, avec cette voie émue qui arrache tout secret d'une âme noble :

— Est-il vrai que vous soyez indigne de moi ?

Le roi, au contraire, devait garder pour lui sa souffrance, et passer encore cette soirée comme les autres, sans rien trahir, sans rien expliquer, jusqu'au moment où la vérité, apparaissant inflexible, lui dénoncerait le vrai coupable, et lui ordonnerait de répudier la femme qu'il aimait ou de chasser le ministre indispensable à ses intérêts ou à sa gloire.

Louis entra donc, l'œil indifférent, le cœur cuirasse chez la marquise. Il se doutait bien qu'elle avait été avertie par quelqu'un de la remise des déclarations au parlement. Il la laissa entamer l'entretien.

La marquise, toujours en défiance du

terrain sur lequel elle posait le pied, étudiait la physionomie du roi, et toute sa conduite depuis qu'il avait eu avec Louvois l'entrevue décisive de la journée. Avertie par le père Lachaise, elle ne pouvait paraître ignorer ce qui occupait tout le monde — n'en point parler eût été pour le roi un reproche — et ce n'était pas le moment d'adresser des reproches au roi! La marquise bouleversée par la crainte, sans appuis, sans avis depuis ces mauvaises nouvelles, privée même de Jaspin, qui avait disparu sans qu'elle sût pourquoi, la marquise était réduite à jouer le jeu le plus simple et le plus droit, c'est-à-dire à questionner — elle questionna.

— Sire, dit-elle, avec un visage aussi dégagé que celui du roi pouvait l'être, qu'est-il donc arrivé à cette malheureuse déclaration qui manque aujourd'hui encore.

Le roi frappé de cette habileté qui, avec un autre caractère, eût provoqué une violente tempête, répliqua qu'il était fort chagrin du nouveau contre-temps, mais que certaines formalités remplies avaient forcé l'ajournement.

La marquise savait bien que le roi n'était jamais plus à craindre qu'en ces moments d'apparente aisance. Elle frémit. S'il ne se fut agi que d'un grief sans importance, le roi le lui eût reproché vertement et tout finissait. Comme elle le sentit décidé, comme elle se sentait désarmée, elle plia. Ce fut un cruel supplice pour cette âme altière et pour cet esprit inquiet qui brûlait de savoir.

— Quelque cérémonial auquel on aura manqué? dit-elle paisiblement.

— Oui, marquise.

Le roi souffrit beaucoup de dire *marquise*, en cette circonstance où tout autre

se fût donné la satisfaction de dire :
madame.

— Prenons notre parti, dit-elle avec enjouement.

Et à dater de cette parole, elle affecta le calme le plus parfait.

Ce n'était point le compte du roi, qui l'eût désirée agitée, querelleuse ; car alors il eût abrégé sa visite et diminué la durée de son propre supplice.

— Comme vous êtes seule ! dit-il, auriez-vous quelque humeur fâcheuse ?

— Nullement, j'attendais au contraire ce soir le musicien qui a fait les chœurs d'*Athalie*.

— Que n'est-il là ?

— Je l'ignore, c'est seulement un retard, je suis assurée qu'il viendra.

— Peut-être est-ce moi qui l'empêche d'entrer chez vous, marquise, je me retirerai de bonne heure, ne vous privez point de cette musique.

En ce moment Nanon, s'approchant

de sa maîtresse, lui jeta à l'oreille quelques mots rapides avec un air troublé.

— C'est probablement ce musicien, dit le roi, recevez-le, marquise; tenez, je vais vous l'envoyer, je rentre chez moi.

— Sire, s'écria la marquise, ce n'est pas encore le musicien. Nanon m'avertissait que M. l'évêque de Troie est là... je l'avais prié de passer... il arrivait... et...

— Ah! fit le roi, démêlant un léger embarras dans l'attitude de la marquise, eh bien, je serai charmé de le voir.

— C'est que... dit Nanon en faisant des signaux de désespoir à sa maîtresse.

— Quoi donc ? demanda le roi.

— Monseigneur de Troie ne s'attendait pas à l'honneur de rencontrer Votre Majesté, interrompit vivement la marquise, qui interrogeait Nanon du regard, et il est timide.

— Je ne l'en aime que mieux. Je ne sais que deux hommes timides dans l'armée et dans l'Église : Catinat et monseigneur Jaspin. Deux honnêtes gens, je le garantis.

— Certes, vous le pouvez, dit la marquise; l'un est la vaillance, l'autre la piété : tous deux la modestie.

— Amenez donc M. l'évêque, reprit le roi en s'adressant à Nanon qui, devant un ordre si positif, n'osa plus reculer et partit, suivie par le regard du roi.

Quelques minutes après, Jaspin entrait couvert d'une sueur mal essuyée, les habits à moitié époussetés, ses bas usés par le frottement de la selle et des étriers, — une tournure de reître éreinté, des yeux à moitié sortis de l'orbite, — une mine pendable.

Quand le roi vit paraître cet homme timide, ce modeste ecclésiastique en un pareil désordre, il leva le candélabre qui éclairait la table et s'écria :

— D'où sortez-vous, mon Dieu, en cet affreux état ?

— Sire... répliqua Jaspin dont ce dernier danger achevait de troubler les idées ; j'arrive...

— D'où cela ?

— De Paris, sire ; j'étais allé voir une maison de campagne.

— Une maison de campagne à Paris?

— Non, sire, à Bondy.

— Ah!... et vous êtes allé à cheval?

— Mon carrosse s'est rompu, j'ai été contraint de revenir avec M. de Lavernie... alors...

— Vous saviez que je vous attendais, dit vivement la marquise venant au secours du malheureux embourbé, et c'est pour moi que vous vous êtes ainsi sacrifié...

— Voilà bien des aventures, dit le roi lentement, avec une politesse de condoléance qui n'excluait ni la curiosité ni même le doute.

Heureusement, Nanon entra encore une fois, et dit à demi-voix que M. Belair était arrivé avec sa guitare.

— Qu'il attende le départ de Sa Majesté, répondit madame de Maintenon.

— Non pas, non pas; puisque je demeure, je l'entendrai volontiers, dit le roi.

Jaspin s'inclina pour prendre congé,

mais avec un regard tellement significatif à la marquise, que celle-ci lui dit tout haut :

— Restez, monsieur, je vous en prie, si nous entendons quelque bonne musique sacrée, c'est à vous que nous le devons, et vous en prendrez votre part ; demeurez près de moi.

Jaspin obéit.

— Mon Dieu, murmurait-il tout bas, faites que je puisse lui dire un mot, un seul !

Belair entra. Son costume était plus

convenable que celui de l'évêque, mais son visage était pâle, fatigué. Le roi, dans son fauteuil, regarda long-temps et avec attention cette charmante figure. La marquise était au supplice dans le sien ; Jaspin attendait toujours l'occasion de glisser ce qu'il avait à dire. Belair avait eu à peine le temps de réparer le désordre de sa route. Sa voix encore émue, tremblait comme ses jambes, et la présence du roi fut le dernier coup.

— Pourquoi n'avez-vous pas amené Racine? demanda le roi.

—Sire, M. Racine n'avait pas été mandé.

— C'est vrai, dit la marquise attentive à ce que disait le roi et à ce que voulait dire Jaspin dont elle sentait l'ardente inquiétude.

— Eh bien, monsieur, poursuivit le roi, que vouliez-vous faire entendre à madame la marquise?

— Deux strophes du deuxième acte d'*Athalie*, sire, répliqua-t-elle, celle du *Lys* et celle de l'*Impie*.

— Je ne les connais point; voyons, j'écoute, ajouta le roi en s'établissant sur son siége.

— Si vous êtes fatigué, M. l'évêque, dit la marquise, appuyez-vous sur mon fauteuil.

Belair prit sa guitare et se mit à l'accorder. Au moment où l'instrument présentait à la vue du roi sa table de bois de citronnier incrusté d'or et de nacre, et les riches ornements de sa rosace niellée, Louis XIV, à qui cette guitare rappelait un souvenir confus, se pencha tout-à-coup vers Belair, et fixa sur l'instrument un regard empreint de surprise et de vague tendresse.

Belair avait compté sur ce premier effet de sa guitare. C'était celle du grand roi, que la pauvre Violette avait si soigneusement conservée dans un étui de de cèdre et de velours.

Le roi étendit la main pour prendre l'instrument, et à peine l'eût-il touché en l'examinant avec mélancolie, qu'il le reconnut. Tout son corps tressaillit comme au contact de ses plus douces amours ; une question effleurait ses lèvres, mais en présence de la marquise, il n'osa parler. C'était elle qui autrefois lui avait conseillé d'abandonner cette guitare.

— Un bel instrument, dit-il à Belair, en le regardant jusqu'au fond de l'âme.

— Espagnol, sire, répliqua le musicien en baissant les yeux et en s'inclinant devant le roi.

La marquise n'avait pu rien comprendre à ce préambule si intéressant pour les deux principaux acteurs. Elle n'y voyait qu'une lenteur qui la désespérait.

Enfin, Belair préluda, et d'une voix doucement vibrante, à laquelle son incertitude même ajoutait un charme inexprimable, il chanta.

La musique était suave, il s'agissait de lys : *Amour de la nature qui croit à l'abri des aquilons,* gracieuse allusion aux filles de Saint-Cyr, élevées loin du monde et des méchants à *l'abord contagieux*.

Pendant les premières mesures, tout le monde écouta; mais la fin du morceau prit un caractère plus ferme, la voix du chanteur s'éleva : son accompagnement brillant et sonore emplit l'appartement jusqu'aux voûtes.

Le roi, ravi d'entendre de bonne musique, de beaux vers soutenus par la guitare qu'il avait tant aimée, laissa éclater sa satisfaction. Belair s'abandonna tout entier à l'exaltation de son art.

La marquise, dont les yeux ne quittaient pas le roi, profita d'un *crescendo* formidable pour dire à Jaspin :

— Baissez-vous et dites ce que vous avez a dire,

L'évêque s'inclina. La musique éclatait en arpèges retentissants.

— Louvois, dit-il, a envoyé Desbuttes au village de Lavernie.

La marquise frissonna.

— Eh bien ? murmura-t-elle palpitante.

— Celui-ci en a ramené un carrosse fermé que M. de Louvois est venu chercher lui-même.

— Et dans ce carrosse? demanda-t-elle avec une anxiété insurmontable, qui attira l'attention du roi.

— Qu'y a-t-il, marquise, n'écoutez-vous pas? demanda-t-il, interrompant le chanteur.

— Si bien, répliqua-t-elle interdite, et j'exprimais à monsieur mon admiration.

Le morceau était fini; le roi complimenta le musicien ; la marquise aussi, mais machinalement et en termes exagérés qui n'avaient ni mesure ni justesse. Le roi heureusement s'occupa encore de la guitare.

Revenue à elle, madame de Maintenon déclara que la strophe des *Impies* était encore plus belle, et la recommanda à toute l'attention du roi.

C'était un ordre pour Belair. Déjà il avait tourné furtivement les yeux sur l'horloge qui marchait vers onze heures, et vers la fenêtre qu'illuminait de fréquents éclairs livides. Une agitation involontaire, une inquiétude nerveuse le poussaient. Il semblait demander au roi de le tenir quitte. Il essuyait son front où perlait la sueur.

— Cette strophe des *Impies*, s'il vous plaît, dit le roi, qui n'avait pu résister au plaisir de frôler les cordes, et qui soupirait, en mémoire de son beau talent sacrifié.

Belair reprit la guitare. Cette fois le mode était vif, altier, — cette musique ne chantait plus, elle menaçait avec une terrible ironie.

> Rions, chantons, dit cette troupe impie,
> De fleurs en fleurs, de plaisirs en plaisirs
> Promenons nos désirs !

— Et qui était dans ce carrosse fermé? demanda la marquise à Jaspin.

— Il faut que vous le sachiez cette nuit même, répliqua-t-il, car si l'idée qui m'est survenue depuis tantôt s'est réalisée!...

— Quoi donc?

— Il existe encore quelqu'un qui pourrait savoir le secret!

Une affreuse douleur traversa comme un fer rouge le cerveau de la marquise.

— Fort beau! fort beau! cria-t-elle

avec un sourire à Belair et au roi, tandis que son cœur comprimé semblait vouloir éclater hors de sa poitrine.

Le roi applaudit du geste.

— Nommez vite! reprit la marquise bas à Jaspin en écoutant la réponse avec toute son âme.

— Le vieux chirurgien du feu comte de Lavernie.

— On le disait muet, paralytique...

— Il ne doit pas l'être, si c'est lui que M. de Louvois a fait venir. — D'ailleurs, on s'était précautionné du médecin Séron. Pas de délai... envoyez quelqu'un... interrogez!...

— Qui?... je n'ai personne... Je suis perdue!...

En disant ces mots, elle faillit s'évanouir, et pourtant son regard ne quitta pas le roi, qui la regardait aussi.

Belair, distrait, chantait d'une voix affaiblie :

Sur l'avenir, insensé qui se fie !
De nos ans passagers le nombre est incertain.
Hâtons-nous aujourd'hui de jouir de la vie,
Qui sait si nous serons demain ?

— Au moins, défendez-vous, murmura Jaspin au désespoir.

— Inutile! c'est la volonté de Dieu que je succombe.

Soudain le chanteur s'arrêta, les yeux égarés, la bouche crispée par une poignante souffrance, la guitare échappa de ses mains en sonnant un lugubre accord.

— Que disiez-vous donc, marquise, demanda le roi à qui ce silence subit avait laissé entendre les dernières syllables du colloque interrompu.

— Rien... sire... je...

— Qu'avez-vous, Belair ? demanda Jaspin au jeune homme qui chancelait au milieu de la chambre.

— Est-ce qu'on ne m'a pas appelé, demanda le musicien d'une voix étouffée, en cherchant à percevoir dans les airs un cri mystérieux.

— Mais non, répliqua Jaspin.

— Ce jeune homme s'est fatigué à chanter dit le roi.

— Il souffre, dit la marquise.

— Par pitié, murmura Belair à l'oreille de Jaspin qui lui serrait la main, obtenez que je parte! je vous dis qu'une voix m'a appelé.

— M. Belair, en effet, paraît souffrant, hasarda de dire tout haut le digne évêque. Je crois qu'un peu de fraîcheur...

— Respirez, monsieur, dit la marquise.

Belair salua en homme ivre qui va défaillir, et sortit de l'appartement les mains étendues, le visage aspirant aux émanations de l'air extérieur que rafraîchissait l'orage.

— Il a oublié sa guitare, s'écria le roi ravi de toucher encore l'instrument; du reste, il chante fort bien, je veux l'entendre encore ; mais vous-même, marquise, pourquoi êtes-vous si pâle ?

La marquise se leva : elle ressemblait à une statue de cire ; la terreur avait tué en elle toute pensée, toute sensibilité.

— Mon Dieu! répétait-elle mentalement, mon Dieu! mon Dieu!...

Le roi s'approcha ; les mains de madame de Maintenon étaient glaciales comme du marbre.

— En vérité, dit le roi d'un ton ironique, tout le monde ici est bien étrange ce soir. Voulez-vous que je sonne mademoiselle Balbien ?

Jaspin ouvrit la porte pour appeler.

— Je vais toujours envoyer Fagon, dit froidement le roi. Adieu ; je suis en retard pour souper. Venez, M. de Troie, venez !

Puis, sur ces bizarres paroles, résumé de toutes ses impressions du jour, le roi sortit de la chambre où il laissait la marquise sous la menace d'un terrible lendemain. Et dans sa défiance il emmena avec lui Jaspin, qui se désespérait de ne pouvoir résister.

Seule, pouvant enfin pousser le sanglot qui l'étouffait depuis une demi-heure, la marquise joignit les mains avec angoisses, et s'écria en regardant son crucifix.

— Mon Dieu! sauvez-moi seulement l'honneur!

Nanon entrebâilla la porte. Mystérieuse et l'œil brillant, elle faisait signe à quelqu'un du dehors.

— Venez, dit-elle, madame est seule.

La marquise en se tournant vit sur le seuil la figure impassible de Van Graaft.

— Qu'est-ce encore murmura-t-elle effrayée de cette visite à une pareille heure.

Le Hollandais s'approcha lentement.

— Le présent de noces de Guillaume, dit-il.

Et il offrit à la marquise un rouleau cacheté aux armes de Nassau et d'Angleterre.

La marquise émue, interdite, brisa l'enveloppe : trois papiers s'échappèrent du rouleau. Tous trois étaient de l'écriture de Louvois, tous trois signés de sa signature.

À peine madame de Maintenon lut quelques lignes de chacun d'eux; son front s'éclaircit, ses yeux lancèrent une flamme et dans l'explosion de sa joie délirante :

— Merci, Guillaume ! s'écria la marquise. Nanon, qu'on dise au roi que j'ai quelque chose à lui communiquer ce soir même. Ah ! s'il faut que je sois perdue, au moins ne tomberai-je pas toute seule !

Elle chercha Van Graaft pour le remercier comme un Dieu. Il avait déjà disparu.

V.

ECHEC ET MAT.

Il était quatre heures du matin. L'orage de la nuit avait purifié le ciel, et dans l'azur encore pâle s'étendaient ces longues nuées, réseaux d'un blanc diaphane sous lesquels on sent courir la brise et circuler la vie de l'univers.

Les arbres redressaient leurs rameaux lavés. Prés et bois envoyaient à la route leurs parfums d'herbes fleuries et d'aromates.

Tout riait et chantait de la terre au ciel ; l'oiseau fainéant, le faucheur au travail, le chien bondissant dans la luzerne sur la trace des couvées effarouchées — c'était un doux spectacle qui invitait le corps à se mouvoir et l'esprit à se reposer.

Une calèche, attelée de deux chevaux

parfaits, roulait à grand bruit sur la route de Versailles. Les chevaux soufflaient du feu par les narines; le maître de la calèche lançait du feu par ses yeux cachés sous d'épais sourcils.

Louvois construisait le programme de sa journée; près de lui des notes, des dépêches sur lesquelles il trouvait moyen de jeter un coup d'œil tout en guidant ses chevaux.

— Ainsi, se disait-il, la guerre va éclater sur quatre points à la fois; une guerre comme l'Europe n'en aura pas vu encore. Je dois recevoir aujourd'hui la réponse de Catinat, apprendre les plaintes, peut-être la révolte des Suisses. J'expédierai à M. de Luxembourg l'ordre de recommencer dans le Palatinat par quelque incendie considérable, celui de Trèves, par exemple. Je ferai débarquer deux mille hommes en Irlande. Ce quadruple volcan jettera sa lave pendant au moins deux ans.

A midi j'irai chez le roi. S'il me questionne sur la promesse que je lui ai faite, j'obtiendrai un délai; s'il me refuse le délai et qu'il boude, nous entamerons la question affaires, et celle-là dominera les autres, j'en réponds. Quant à la marquise, si elle me poussait à bout, si elle se targuait de mon silence à son égard comme d'une défaite; si, sachant la mort du seul homme qui l'eût pu trahir, elle me défie de prouver mes accusations, qu'elle tremble! il me reste un dernier moyen, un moyen infaillible. Il est à ce point terrible que j'ai dû jusqu'à présent le réserver. — Mais dans les luttes désespérées, le plus faible se défend comme il peut, et souvent le succès jaillit du désespoir. — D'ailleurs, ajouta Louvois en modérant ses chevaux, car il entrait dans Versailles encore désert, la marquise ne saura pas la mort du paralytique; elle tremblera devant mon regard, et me remerciera de garder le silence. — C'est elle qui suppliera le roi de ne me point presser. C'est moi qui lui rendrai service! je serai généreux!

En achevant de formuler sa pensée, Louvois se permit cette hilarité sombre et muette, éclair bien rare sur son front nuageux.

Et il tourna comme un habile cocher la borne jetée en avant du palais de la surintendance.

A peine avait-il remis les rênes à ses valets, qu'une escouade d'hommes gris et noirs, de sinistres figures, vint l'aborder respectueusement.

Il reconnut ses espions favoris; ceux que, depuis la veille, il avait attachés aux pas de Jaspin et de Gérard; ceux qu'il avait su faire pénétrer jusque dans le château de Versailles.

Prompt à questionner, habile à ne pas laisser divaguer la réponse, il sut bientôt que Jaspin avait couru chez la marquise, qu'il y avait vu le roi; que Belair y avait chanté; que Gérard, rentré chez lui, n'avait reçu personne, sinon Van Graaft, que pas une lettre, pas un courrier, pas une visite n'étaient arrivés de Paris soit pour Jaspin, soit pour Gérard; qu'enfin, vers minuit, Van Graaft avait été introduit furtivement chez la marquise. Quant à Desbuttes nul ne l'avait vu, ni à Versailles ni à Paris.

— C'est bien, pensa Louvois. Le misérable n'a fait aucune démarche, comme je m'en doutais bien. Il se cache effrayé dans quelque trou et reparaîtra lorsqu'il croira ma colère apaisée. Ces sortes de coquins n'ont pas de rancune contre leur intérêt. Or, j'ai laissé à Paris, je vais laisser ici des ordres de le bien recevoir quand il reparaîtra, de le consoler, de l'affriander par quelque appât nouveau.

Tôt ou tard, je saurai m'en délivrer. Tout, de ce côté, réussit donc à souhait. Ce Van Graaft seul me donne quelque souci... Je sens un danger sous le calme plat de cet homme.

— D'où venait M. Van Graaft! demanda-t-il au chef de ses espions.

De sa maison de Saint-Cloud. Il a passé la nuit chez M. de Lavernie, il y est encore.

— Avait-il reçu quelque message dans la journée.

— Rien qu'un envoi de poisson et de gibier.

— Dans un saumon et dans un chevreuil on peut renfermer bien des choses, pensa Louvois toujours assombri. Mais à quoi bon se forger des chimères, reprit-il tout-à-coup, ce rustre hollandais n'est allé chez la marquise et chez M. de Lavernie que pour larmoyer encore sur l'équivoque de sa paternité.

Soudain une nouvelle idée, un soupçon s'offrit à son esprit.

— On n'a pas vu, soit dans sa maison

de Saint-Cloud, soit aux environs, rôder un personnage, grand, épais et borgne?

— Jamais, monseigneur.

Louvois se rassura complètement.

— Ne cessez point, dit-il, de veiller devant les maisons que je vous ai signalées. Suivez à chaque pas qu'ils feront l'évêque, l'officier des chevau-légers, le Hollandais : suivez avec le même soin tous ceux qui viendraient les voir. Interceptez les lettres et messages. Même surveillance pour la marquise et ses gens. Allez!

Il entra dans son cabinet.

— Allons, dit-il en se frottant joyeusement les mains, ce sera un beau jour ! Une belle bataille se prépare ! — La marquise, avertie par Jaspin, n'a pas fait un mouvement pour parer mon coup mortel.

— Le roi doit m'attendre avec anxiété ; je vais le laisser souffrir, il m'en sera plus reconnaissant de le soulager par une rétractation bénévole. Avec quatre guerres sur les bras, plus de mariage de fantaisie pour le roi, avec la menace d'une révélation, plus d'insistance pour ce mariage de la part de la marquise. — Cinq heures et demie ! J'ai six heures avant d'engager le combat. — Soignons le corps, comme dirait Séron.

Il sonna son valet de chambre de serqui alla prendre dans le cabinet voisin le plateau et la bouteille de grès qu'on plaçait chaque matin sur la cheminée à la portée du maître.

Mais au moment où le valet se préparait à verser l'eau de Forges, un page du roi entra au galop dans la cour — Louvois reconnut les livrées royales — Il s'approcha de la fenêtre ouverte; le page l'apercevant le salua sans descendre de cheval.

— Qu'y a-t-il, page? demanda Louvois.

L'enfant s'approcha sous la fenêtre et répondit :

— Sa Majesté attend monseigneur.

— De si bonne heure? dit Louvois surpris.

— Sa Majesté s'est levée avec le soleil, et je suis déjà venu, mais monseigneur n'était pas encore arrivé de Paris.

— Annoncez au roi que je vais me rendre auprès de lui, monsieur.

— J'ai ordre d'attendre et de ramener monseigneur, ajouta le page.

— Ah! répliqua Louvois, je pars avec vous.

Il prit son chapeau et attacha lui-même

son épée, jeta un coup-d'œil troublé sur son cabinet, hésita, puis piqué par le regard calme et curieux de l'enfant :

— Partons, dit-il.

Et il descendit les degrés. Le page monta à cheval derrière lui.

— Que veut dire cette ardeur du roi pour le travail, pensait Louvois en chemin.

Il entra dans le palais. Un exempt des gardes se promenait seul dans la galerie; tout était silencieux et désert dans l'immense édifice.

Louvois arriva tellement préoccupé chez le roi qu'il ne vit point, assis dans l'antichambre du cabinet, le capitaine des gardes en service.

Louis XIV était debout, appuyé sur le balcon, la tête inclinée, rêveur. Il se retourna vivement au bruit des pas sur le parquet.

Le visage du prince était profondément altéré, pâle, — altéré pour ceux qui savaient lire sur cette physionomie discrète. Louvois était de ceux-là.

— Il a pris à cœur l'engagement d'hier,

pensa-t-il, et n'aura pas dormi de la nuit.

— Bonjour monsieur de Louvois, dit Louis XIV d'une voix grave et douce. Asseyez-vous.

Au moment où Louvois allait prendre un siége, la porte des petits appartements s'ouvrit silencieusement et la marquise apparut dans son costume sévère. Elle aussi était bien pâle.

Après les révérences, Louvois, qui ne comprenait rien, sinon qu'il se préparait quelque chose d'extraordinaire, attendit de nouveaux ordres du roi. La marquise s'était placée près de la fenêtre, l'éternelle broderie à la main.

Le roi s'assit près de la cheminée sans feu, comme on peut le croire, en juillet, et se mit à tisonner des bûches intactes.

— Où va-t-on en venir, se dit Louvois.

— Travaillons, je vous prie, s'écria tout-à-coup le roi, comme s'il se réveillait en sursaut.

— Mais, sire, je n'ai point de papiers; j'ai cru seulement que Votre Majesté me mandait pour une communication pressée.

— Il est vrai, murmura le roi ; mais on n'a pas besoin de papiers pour travailler sur les matières générales. Ne vous souvient-il pas des idées que l'autre jour je vous ai développées sur une importante question... sur le rétablissement de la paix en Europe ?

— Oui, sire, dit Louvois avec aplomb, car on venait au-devant de lui sur le terrain même qu'il s'était préparé.

— Vous y avez réfléchi, sans doute, poursuivit le roi avec flegme.

— Beaucoup, sire.

— Et qu'avez-vous conclu?

— Que la paix est une belle et noble chimère, bien digne d'occuper la grande ame de Votre Majesté.

— A la bonne heure.

— Mais que c'est une chimère, sire.

— Comment cela? dit le roi en levant la tête pour regarder fixement Louvois.

— Voici le moment, pensa ce dernier, de m'expliquer avec netteté; par bonheur on me fournit l'exorde, décidément je gagnerai la bataille.

— Sire, dit-il, sans être un acharné guerroyeur, Votre Majesté aime sa gloire, elle aime son intérêt. Si je prouve au roi que la paix ruine à la fois son intérêt et sa gloire...

— Vous n'y parviendrez pas, interrompit le roi d'un ton résolu qui arrêta les phrases sur les lèvres de Louvois, et lui parut une provocation directe.

— Alors, répliqua-t-il avec aigreur, je ne m'épuiserai point en arguments fleuris, je prouverai sèchement au roi que la paix est impossible.

— Prouvez-le moi, dit le roi du même

ton arrêté; car c'est pour cela que je vous ai mandé ce matin.

Louvois, à cette deuxième secousse du mors, sentit l'irritation sourde de son maître, et, selon son habitude, l'attribuant à quelque mauvais office de la marquise, il décocha sur elle un regard menaçant qu'elle sentit sans le voir, et qui pénétra en son cœur comme un poignard.

— Je le prouverai trop facilement, dit Louvois avec volubilité. La guerre est une nécessité pour tous les princes de l'Europe : tous ont quelque affront à venger, quelque province à reprendre, tous haïssent ou craignent Votre Majesté.

— Vous croyez? dit le roi avec son calme effrayant.

— Votre Majesté en douterait-elle? demanda ironiquement Louvois. Avons-nous quelque sujet de croire à l'amitié de M. de Savoie, qui arme jusqu'aux femmes et aux enfants de ses Etats pour faire assassiner les traînards de nos armées? Est-ce un ami fervent que le roi Guillaume, meurtrier des Witt, nos alliés, instigateur de la ligue d'Augsbourg... protecteur des réformés?...

— Permettez, dit le roi, il n'est pas de haine qui ne tombe devant une honnête conciliation.

— Conciliation !.. reprit Louvois presque moqueur, conciliation avec de pareils ennnemis !

—Pourquoi non ! demanda Louis XIV ; je croyais vous avoir expliqué mes intentions à ce sujet.

—Oh, sire, une intention ne suffit pas en politique.

— Mais, ma volonté ! dit le roi dont l'œil lumineux se dilata, — ma volonté suffit-elle ?

— Sire...

— Je vous avais fait part de mes volontés, continua le monarque en se redressant avec majesté.

— Les volontés en présence de volontés plus fortes, répliqua Louvois pâlissant, ne valent pas plus que des intentions.

Louis frissonna. La marquise vit passer sur son visage comme le vent de cette colère brûlante dont parle David. Cependant, domptée par une puissance surhumaine, cette colère ne fit pas explosion.

— Ainsi, dit Louis XIV, vous avez essayé de la conciliation, et elle ne vous a pas réussi ?

— Assurément! s'écria Louvois, abusé par cette longanimité du roi.

— Et M. de Savoie ménagé, persiste ?

— Sans doute.

— Et Guillaume sollicité à la paix persiste dans la guerre.

— Plus que jamais.

Le roi enfonça ses ongles dans sa chair, puis il reprit :

— Vous m'aurez du moins obéi en écrivant partout que je désirais la paix?— Vous aurez fait rendre justice aux Cantons suisses? — Vous aurez recommandé à Catinat les plus grands égards pour le duc de Savoie?...

— Eh!... mon Dieu, sire.

— Oui, n'est-ce pas?... répondez.

— Oui, sire.

— Vous mentez! s'écria le roi en se levant comme un géant terrible, vous mentez impudemment!

Louvois se leva aussi avec fureur.

— Sire!

— Vous mentez, traître et mauvais serviteur, poursuivit le roi d'une voix tonnante; c'est à vous que je dois toutes ces haines, toutes ces guerres; c'est vous qui égorgez, qui brûlez; et en voici des preuves que je vous donne, moi; car je prouve, moi, pièces en main, tenez!

Il jeta sur la table qui les séparait trois lettres dont la vue foudroya le ministre qui les reconnut aussitôt.

— Voici, continua Louis XIV, un projet de maltraiter tellement le duc de Savoie qu'il devienne irréconciliable, écrit par vous, signé par vous! Voici votre dernière dépêche à Catinat : ordre de brûler, de massacrer, malgré les armistices, écrit par vous, signé par vous, toujours, et saisi sur vos courriers par ces ennemis, ces féroces ennemis qui me font juge de vos crimes! Voici enfin votre réponse aux justes plaintes des Suisses : l'insulte et la menace pour les pousser à la révolte, écrit, signé de ce même odieux nom : Louvois. Regardez!

On eût cru que cet orgueil allait s'écrouler, que cet impie allait tomber à genoux. Il releva fièrement la tête.

— Eh bien! dit-il, quand cela serait...

quand j'aurais désobéi?... si j'ai mon but, et si ce but est de vous rendre le maître et le Dieu de ce monde... et si je trouve que le roi se trompe... si je ne veux pas qu'il s'abaisse aux yeux de ses ennemis que je fais trembler!

— Vous me jugez, je crois!

— Il est bien des hommes qui osent mesurer le soleil, reprit Louvois; touchent-ils à sa gloire? font-ils tort à sa lumière? Je maintiens que j'ai raison, je maintiens que c'est par la guerre qu'on arrive à la paix utile, je maintiens que l'ennemi écrasé est le seul qui ne soit plus à craindre, et pour écraser il faut frapper, frapper sans pitié! Vingt-cinq ans de victoires plaident en ma faveur! Au lieu de mendier la paix, sire, je jette le gant à toute l'Europe, au lieu de ménager les vignes de Victor-Amédée, j'écris à M. de Luxembourg qu'il brûle à l'instant même jusqu'à la dernière maison de Trèves. Voilà ce que je voulais faire pour vous; mais, en vérité, on ne saurait vous servir.

Le roi poussa un cri terrible, le seul qu'on eût jamais entendu sortir de sa bouche; il saisit les lourdes pincettes du foyer et s'élança le bras levé pour frapper Louvois.

La marquise se jetant devant lui détourna le coup et enchaîna ses deux bras en le suppliant d'épargner l'honneur d'un gentilhomme.

— Ah!... madame!... répondit le roi haletant, vous qui demandez qu'on l'épargne, ce misérable, savez-vous comment il vous traite! savez-vous qu'il vous insultait hier encore, qu'il vous appelait infâme, et m'ordonnait de vous chasser par respect pour mon honneur!

La marquise livide, l'œil éteint, tremblait et cherchait en vain un appui entre ces deux formidables colères.

Louvois rugissant menaçait l'une et bravait l'autre.

— Monsieur, continua le roi, vous m'aviez promis une preuve aujourd'hui. Où est-elle cette preuve qui me fera chasser madame de Maintenon? Il me la faut, il la faut à la marquise!

Celle-ci cacha son front dans ses mains glacées.

— Je vous dis qu'il me la faut, cria-t-il avec un redoublement de rage, et si vous ne me l'avez pas fournie dans deux heures, marquis de Louvois, ministre de la guerre, surintendant des postes, des bâtiments, le plus puissant seigneur de France, y compris le roi! avant deux heures, vous entendez bien, M. de Louvois, je vous jette dans un cachot de la Bastille!... En attendant, sortez, je vous chasse!

Louvois hagard, effrayant, incapable de plier ou de répondre, tourna sur lui-même et s'élança dehors, en se tordant comme un serpent blessé.

— C'est bien, dit-il... dans deux heures! oui, dans deux heures!... Oh! ils l'ont voulu!... Ce sera terrible, mais on verra!.

VI

LA MATINÉE DU 16 JUILLET 1691.

L'espion avait dit la vérité; Van Graaft était encore chez Lavernie.

Il n'était pas retourné à St-Cloud pour

deux raisons : la première, c'est qu'il ne voulait pas s'éloigner de Versailles, comprenant toute l'importance du message dont Guillaume l'avait chargé. La seconde, c'est qu'il ne se fiait pas à Louvois au point d'entreprendre de nuit une route assez longue, assez déserte pour qu'une bonne embuscade s'y pût placer à l'aise.

Van Graaft, s'il était soupçonné par son ennemi le soupçonnait de même, et n'avait pas tort.

Enfin, le Hollandais s'était établi chez Lavernie par un motif assez semblable à celui que le cruel railleur avait appelé

les douleurs de son équivoque paternité.
Van Graaft n'osait aimer Antoinette, encore moins le lui dire — et chez Gérard tout seul, il avait rencontré cette délicatesse de tact, cette affectueuse et presque filiale déférence qui le sortaient d'embarras, et lui apportaient comme un semblant d'autorité paternelle, et puis, il se plaisait à voir comment ce jeune homme aimait Antoinette. — On eût dit qu'il s'encourageait de cet exemple pour s'essayer à l'aimer aussi.

C'est pourquoi, depuis son arrivée à Paris, Van Graaft avait passé quelques soirées avec Gérard et avec Jaspin ; mais, le jour dont nous parlons, la visite fut de part et d'autre moins empressée, plus taciturne.

Jaspin, après le souper du roi, était rentré chez Gérard, portant péniblement le poids de ses chagrins et de ses craintes. Déjà il avait eu grand'peine à dissimuler tout ce qu'il souffrait, et surtout la cause de ses souffrances.

Durant le trajet rapide accompli de Paris à Versailles, Jaspin, pour expliquer à Gérard sa hâte, ses alarmes et le besoin qu'il éprouvait de prévenir la marquise, pour éloigner aussi Gérard et le tenir confiné chez lui, Jaspin avait été réduit à bien mentir, ou du moins à bien déguiser la vérité. Et comme Gérard, impatient, s'était plaint de tous ces mystères, Jaspin, en désespoir de cause, avait dû lui dire : — Que tous ces mystères n'étaient autres qu'un secret de confession, confié par la marquise, — et Gérard, faute de mieux, s'était contenté de l'explication.

Après cette soirée si orageuse, Jaspin était donc revenu désespéré. Van Graaft, après sa communication faite, était arrivé silencieux. Gérard, voyant ces deux hommes également préoccupés, avait passé comme eux la nuit à rêver, à échanger quelques mots sans suite, et à compter les soupirs qu'étouffaient ses deux étranges compagnons.

Le jour étant venu, Jaspin, qui ne pouvait tenir en place, fit plus de cent tours dans l'appartement. Van Graaft s'approcha d'une fenêtre pour fumer. Gérard essaya de prendre un livre, et regarda beaucoup les toits de Saint Cyr qu'on voyait poindre dans la vapeur bleuâtre de l'horizon.

Puis, Jaspin trouva l'espace trop petit pour son impatience; il descendit dans le parc désert, rôdant autour de l'appartement de la marquise, avec l'espoir qu'elle l'apercevrait et lui ferait un signe ou dirait quelque bonne parole.

Van Graaft fumait toujours; Gérard lui tenait compagnie de son mieux.

Tout-à-coup, Amour, qui placé entre eux les regardait alternativement l'un et l'autre, un peu irrité contre Van Graaft à cause de l'odeur de son tabac, le chien Amour se leva et courut à la porte avec des cris joyeux.

— Ce doit être quelque ami, pensa

Gérard, et en effet c'en était un. Belair entra d'un seul bond dans la chambre.

Qu'on se figure l'effroi, la curiosité, l'espoir, l'épuisement réunis sur un seul visage.

Le jeune homme arriva comme une tempête.

— Où est-elle? dit-il à Gérard.

— Qui?

— Violette.

Gérard tressaillit et se préparait à répondre, mais Belair lui fermant la bouche :

— Ne jouez pas avec mon inquiétude, dit-il en souriant; j'avoue que j'ai été bien inquiet. Elle est ici, n'est-ce pas, elle se cache, où est-elle?

— Voyons, dit Gérard avec un serrement de cœur affreux, expliquez-vous... Vous me demandez Violette, n'est-elle point à Paris?

Belair devint plus pâle que le rideau sur lequel il s'appuyait.

— Mon Dieu!... balbutia-t-il en ouvrant des yeux effarés.

— Elle n'y est point? poursuivit Gérard.

— Oh!... gémit l'infortuné, où est ma Violette chérie!

Gérard le prit dans ses bras — Van Graaft, à la vue de ce désespoir déchirant, oublia tout et écouta.

— Voyons, dit Gérard, rassemblons nos idées. Vous étiez allé à Paris...

— Oui.

— Pour la voir.

— Oui.

— Et...

— Et j'ai trouvé toutes le portes de la maison ouvertes. Celle du pont, celles de la chambre et de l'escalier, la fenêtre aussi ; mon cœur battait. Je frémissais en montant. Je suis entré avec précaution... son lit était froissé, deux chaises renversées... elle n'y était plus ! acheva le malheureux avec un cri navrant qui retentit au fond de l'ame de Gérard.

Celui-ci rappelant toute sa force, interrompit aussitôt.

— Vous vous êtes informé, dit-il.

— J'ai descendu, balbutia Belair en suffoquant et en syncopant chaque parole. J'ai pénétré dans la chambre de ce voisin... vous savez ?— Vide aussi... Bien vite j'ai couru chez le juif... rien !... il ne m'a rien dit. Chez les voisins de gauche, d'en face, rien ; chez ceux du quai Dauphin, rien toujours, rien encore !... Rien !...

— Mon pauvre ami !

— Je me suis figuré, continua Belair, que par mesure de prudence vous aviez fait dire, vous ou Jaspin, à Violette de partir, et de se cacher ailleurs ; cet espoir m'a conduit ici, j'arrive... j'ai été jusqu'à espérer que je trouverais ma petite amie chez vous, cachée... Ce n'est donc pas vrai, elle n'y est donc pas! on me l'a donc reprise... Elle le pressentait! j'aurais dû ne pas la quitter...

Et le malheureux, se tordant les bras et s'arrachant la poitrine, effraya Gérard de son désespoir.

— Belair, cher Belair, ne vous désolez point; tout n'est pas perdu...

— Si!... tout est perdu, et il faut mourir!

— Belair, du calme... Parlez plus bas, peut-être Jaspin sait-il où elle est.

L'infortuné se cramponna convulsivement à cette fragile espérance.

— Vous croyez?... Vous ne l'avez donc point revu, ce cher Jaspin?

— Non, dit Gérard, nous ne l'avons pas revu depuis hier... N'est-ce pas, monsieur? fit-il en s'adressant à Van Graaft avec un regard d'intelligence.

Non, répondit le Hollandais.

— Oh! il le sait alors, il le sait, il me la rendra! s'écria Belair dont les traits changèrent soudain avec une inconcevable rapidité. — Où est-il?

— Mais je ne sais trop, dit Gérard; dans le parc, je crois.

Belair s'élança dehors avec l'impétuosité d'une flèche, avant qu'un geste ou qu'un cri n'eût pu le retenir ou le rappeler à la raison.

— Oh! pauvre, pauvre ami, soupira Gérard, donnant enfin un libre cours à la douleur qui l'oppressait.

Van Graaft allait l'interroger.

— Pardon, monsieur, dit Gérard, c'est un ami, un frère, que menace le plus cruel malheur. Je ne puis l'abandonner en cet état ; je veux le rejoindre, l'empêcher de se porter à quelque extrémité ; car s'il faut qu'il rencontre Jaspin, et que celui-ci ne soit pas prévenu !...

En disant ces mots, il s'habillait à la hâte et agrafait le ceinturon de son épée.

— J'irai avec vous dit Van Graaft, qui descendit derrière Lavernie.

Ils arrivèrent sur la place, et Gérard se mit aussitôt à chercher des yeux autour de lui.

Il ne vit que Louvois sortant de chez le roi après son expulsion, et traversant toute la terrasse. Van Graaft remarqua comme lui cette figure crispée par la fureur, cette démarche ou plutôt cette course véhémente. L'étrange précipitation du ministre, la rage qu'il semblait exhaler à chaque pas comme le taureau qui fuit blessé, en un mot ce spectacle extraordinaire à une pareille heure, captiva pour un moment les deux spectateurs et leur fit oublier l'objet infortuné de leur sortie.

Ils étaient là occupés, sans se le dire, à contempler l'effrayant personnage qui rentrait à la surintendance, et ils ne remarquaient point les espions apostés par Louvois depuis le point du jour.

Ces hommes guettaient chaque mouvement de Gérard et de Van Graaft. Ils ne les perdaient point de vue, et cependant ne pouvaient s'empêcher eux-mêmes de regarder cette fuite bizarre de leur maître à sa sortie de l'audience du roi.

Gérard fut le premier à les reconnaître, il se sentit observé. — L'idée lui vint qu'en courant après Belair, il exposerait ce dernier à quelque contre-mine de Louvois, si, comme il le pensait, ce dernier avait fait enlever Violette pendant la nuit.

Cette réflexion enchaîna ses premières résolutions. Gérard songea aussi qu'un espoir trop prolongé aggraverait la douleur de Belair au moment de son entière désillusion ; — qu'il valait mieux peut-être le laisser rencontrer Jaspin et user son désespoir par un nouveau choc.

Comme il se fixait sur cette idée, et se rapprochait de Van Graaft, celui ci se vit aborder par un de ses valets qui arrivait de Saint-Cloud précipitamment à cheval.

C'était ce grand laquais hollandais que nous avons vu escortant le carrosse dans lequel Van Graaft avait amené les princesses de Veldens.

— Mynheer, dit ce garçon à son maître, un homme est arrivé ce matin vers quatre heures et demie à Saint-Cloud, et, ne vous trouvant point, a laissé pour vous cette lettre qu'il m'a recommandé de vous faire tenir sur-le-champ. La voici.

Van Graaft prit la lettre dont il ne connaissait pas l'écriture — écriture, du du reste contournée et disloquée par une main qui ne manquait certes point d'habileté.

Les espions regardaient de tous leurs yeux ce laquais, cette lettre, et cet homme qui allait la lire.

Van Graaft décacheta lentement et lut; mais à peine parut-il comprendre — il relut encore — son étonnement croissait à chaque syllabe qu'il déchiffrait.

— En vérité, murmura-t-il, cela est vraiment prodigieux!

Ce cri était si vigoureusement accentué, que Gérard, malgré toutes les lois de la discrétion et de la civilité, ne put s'empêcher de demander à Van Graaft de quoi il s'agissait... Celui-ci, sans répondre, ferma, ou plutôt froissa la lettre pour regarder avec stupeur du côté de la surintendance.

Puis il relut encore sa lettre, qui était ainsi conçue :

« Monsieur, vous avez promis cinq cent mille livres au premier qui vous annoncerait certaine grande nouvelle. La somme sera pour moi, car je vous annonce *le premier* que M. de Louvois est mort.

« Je suis allé à Saint-Cloud pour vous le dire, mais vous n'y étiez point. Je me suis fait donner un certificat en règle par votre laquais et votre intendant. J'ai ce certificat, qui constate que j'ai porté la nouvelle ce matin, 16 juillet 1691, à cinq heures moins un quart.

« J'ai de plus le bon de cinq cent mille livres, écrit et signé de votre main, que j'aurai l'honneur de vous présenter à Rotterdam, où je vais vous attendre. »

Van Graaft, s'adressant à Gérard :

— Qui avons-nous vu passer à l'instant sur cette terrasse? dit-il d'un air égaré.

M. de Louvois, répliqua Gérard surpris de la question.

— Combien de temps y a-t-il de cela?

— Cinq minutes environ.

Van Graaft se retournant vers son laquais :

— Cette lettre, à quelle heure l'a-t-on portée ce matin à Saint-Cloud?

— Vers quatre heures trois quarts, mynheer.

— Et ce porteur prétend t'avoir fait signer un certificat?

— Il l'a bien fallu, mynheer, dit mystérieusement le laquais.

Van Graaft, étourdi comme si un nuage lui eût passé sur les yeux :

— J'ai peur de comprendre, murmura-t-il... en frissonnant... Quoi... cet homme qui courait là, tout-à-l'heure?...

Comme il essayait de reprendre le fil de ses idées bien brouillées, un éclat de la voix de Gérard le rappela à lui-même.

Un homme, sorti de la surintendance, était venu parler bas aux espions. Ceux-ci, se détachant un à un, avaient fini par former un groupe autour de Gérard et de Van Graaft, tandis que l'émissaire principal s'approchait poliment de Lavernie.

— Monsieur, dit cet homme à Gérard, un mot à part, je vous prie.

Gérard suivit à quelques pas son interlocuteur, qui alors ajouta :

— Vous plairait-il me suivre immédiatement à la surintendance, où M. de Louvois désire vous parler ?

— A moi?... demanda Gérard surpris de la proposition, et d'ailleurs défiant.

— A vous, Gérard comte de Lavernie.

— Mais...

— Sur-le-champ...

— Monsieur! dit Gérard irrité du ton bref et quasi menaçant de ce sbire à la figure sournoise.

Et il recula, sa main à la garde de son épée.

—Oh! n'hésitez pas, et surtout ne criez pas, dit l'homme en faisant un signe rapide à ses acolytes qui fondirent sur Gérard et le poussèrent, ou plutôt l'enlevèrent jusqu'à la surintendance.

Le comte avait disparu, que Van Graaft hébété, stupide, restait encore sur la place avec son laquais.

—Si je ne comprends qu'un peu, pensa le Hollandais en rétrogradant vers le château, la marquise comprendra tout-à-fait. Portons-lui ce qu'on m'écrit, contons-lui ce que je viens de voir.

Au milieu du trajet il fut saisi par un

homme en désordre, déchiré, sanglant, qui lui prit les mains en criant :

— Ah! monsieur, c'est vous! où est Gérard?

— Eh! c'est ce pauvre garçon, dit Van Graaft, avez-vous trouvé M. Jaspin?

— Monsieur, continua Belair avec un accent qui eût attendri des rochers, au moment où j'allais aborder notre ami Jaspin... des gens apostés l'enlevaient... Il allait me parler, monsieur!... il allait me dire où est Violette!... On me l'a arraché. — J'ai voulu le défendre... voyez

comme ces misérables m'ont traité...
Oh! Gérard, prévenons Gérard, courons!

— Taisez-vous, malheureux, dit Van Graaft en posant un doigt sur ses lèvres, —Taisez-vous; Gérard est arrêté comme Jaspin... Je vais tâcher de les sauver !... et prenez garde à vous!

— Oh! murmura Belair, plus d'appui, plus d'ami, plus de Violette... — Plus rien!

Van Graaft poursuivit sa route avec plus d'ardeur que jamais, sans voir le pauvre Belair chanceler, s'affaisser sur lui-même, et rouler sans connaissance derrière le socle de marbre d'un des grands vases de bronze florentins.

Bientôt après, Van Graaft se faisait annoncer chez la marquise.

Celle-ci, après la terrible scène du roi et de Louvois, était rentrée chez elle, laissant le roi dans un état de colère moins violent et plus dangereux peut-être.

Quant à elle, pressentant la rage du ministre disgracié, redoutant d'instinct les dernières convulsions de l'hydre à l'agonie, elle n'osait plus même penser, tant elle soupçonnait encore de malheurs.

Au nom de Van Graaft, prononcé par Nahon, elle tressaillit et courut vers la porte. Cet homme avait deux fois déjà été envoyé à elle, en des occasions désespérées, par la toute-puissante Providence.

Van Graaft arriva droit et sans préambule :

— Jaspin est arrêté, dit-il.

Elle pâlit.

— Lavernie vient de l'être, ajouta Van Graaft.

Un cri sourd s'échappa des lèvres de la marquise.

— Par qui, bon Dieu?... bégaya-t-elle d'une voix mourante.

— Par qui! vous le demandez!

Elle joignit les mains avec un mouvement de tête désespéré.

— Maintenant, continua le hollandais, lisez ceci.

Et il lui tendit la lettre, qu'elle parcourut avec un étonnement bien facile à comprendre.

— Que signifie... murmura-t-elle.

— Cela signifie que j'avais promis et signé, que je donnerais cinq cent mille livres à celui qui...

— Qui tuerait Louvois ! s'écria-t-elle.

—Non, mais à celui qui m'annoncerait le premier sa mort...

— Et on vous l'annonce...

— Ce matin à cinq heures...

— Il en est sept... et je l'ai vu il y a une demi heure à peine.

— Je l'ai vu moi il y a dix minutes au plus.

— Aussi vous ne croyez point ce qu'annonce cette lettre, n'est-ce pas? c'est une imposture trop flagrante, il faudrait donc qu'en ce moment même... non! vous n'y croyez pas!

— Faut-il vous dire la vérité, madame.

— Oh! oui.

Il s'approcha silencieusement :

— Eh bien... j'y crois!

La marquise fit un mouvement comme pour saisir sa sonnette... puis elle regarda Van Graaft qui l'interrogeait d'un regard profond. L'on n'entendait que le bruit de l'horloge dont le balancier mesurait le temps en cadence. La marquise et Van Graaft sentaient bien la responsabilité de ces minutes qui tombaient une à une dans l'éternité.

Madame de Maintenon s'assit lentement sur son fauteuil en brûlant à la flamme d'une bougie oubliée dans sa nuit d'insomnie, la lettre que venait de lui remettre Van Graaft.

— Et moi, dit-elle d'une voix ou plutôt d'un souffle à peine intelligible, moi, monsieur je n'y crois pas!

VII

LA CHUTE DE SATAN.

Louvois, en rentrant dans son cabinet, avait déjà donné ses ordres.

Ecumant, épuisé, mais toujours renaissant sous la dent aiguë de la douleur, il arpentait ce cabinet témoin de ses longues veilles, en poussant des cris sourds et inarticulés, en frappant du pied et du poing les meubles, pour distraire, par la souffrance physique, son esprit en proie à la plus atroce des tortures.

Parmi les mots sans suite qui s'échappaient de ses lèvres on distinguait ceux-ci dix fois répétés :

— Moi, à la Bastille ! non, je n'irai jamais, si je réussis dans ce que je vais entreprendre.

La porte de son cabinet s'ouvrit, deux

hommes y poussèrent Jaspin blême d'effroi et reculant comme l'agneau à la porte de la boucherie.

— Monseigneur, voici, dit l'un des deux hommes.

— Bien, allez, et tenez-vous prêts à faire ce que j'ai dit.

— Oui, monseigneur.

Les deux hommes traversèrent le cabinet et allèrent s'enfermer dans une pièce voisine, où Jaspin, de son œil effaré, distingua deux autres hommes armés d'épées et de mousquetons, qui se promenaient de long en large.

Louvois était épouvantable à voir. Ses habits en désordre, sa cravate lâche, son linge ouvert encadraient la plus menaçante physionomie qu'on lui eût encore vue. Une résolution farouche, insensée, allumait dans ses regards deux flammes vacillantes : on voyait la pensée sinistre s'exhaler en grondant du cratère.

Jaspin s'avança plus mort que vif. — Les portes se refermèrent de chaque côté sur lui.

— Que désirez-vous, monseigneur ? dit-il. — Vos gens m'ont amené un peu brusquement peut-être, eu égard à mon caractère épiscopal.

— Il s'agit bien de votre caractère ! répliqua Louvois qui courut à la fenêtre pour voir passer quelque chose dans la cour.

On entendit bientôt un bruit de pas heurtés dans la pièce voisine ; celle où Jaspin avait vu des hommes armés. — Une porte se referma, des verroux grincèrent, et le chef des espions paraissant au seuil du cabinet, après avoir gratté à la porte, dit ces seuls mots à Louvois :

— Il y est aussi, monseigneur.

— Bien, répondit le ministre en congédiant son agent, maintenant, M. l'évêque, causons s'il vous plaît.

Jaspin se mit à trembler et à grelotter sans pouvoir se vaincre. Il lui sembla qu'il venait d'être pris dans un de ces pièges où meurt, sans secours possible, la créature qui s'y laisse tomber.

— Monsieur, dit Louvois en se promenant à grands pas autour de sa table comme une panthère, voilà très longtemps que nous jouons l'un et l'autre à un jeu qui serait bien ridicule s'il se prolongeait encore. Vous m'avez berné à Valenciennes, je m'en souviens; vous m'avez fait étriller pendant tout le siège de Mons, je le voyais bien et n'ai pu l'empêcher faute de pouvoir prendre une détermination héroïque. Je ménageais encore quelque chose alors. Mais aujourd'hui, c'est différent, je n'ai plus rien à ménager.

Il prononça ces mots ou plutôt il les rugit de telle façon que les jambes de Jaspin commencèrent à se dérober sous lui.

— Aujourd'hui, reprit Louvois, le roi m'a insulté, chassé, menacé de la Bastille. Qu'en dites-vous, monsieur l'évê-

que ? La Bastille, à moi, Louvois !...
C'est comme cela... Eh bien ! monsieur
Jaspin, un homme tel que moi, ne va pas
à la Bastille. S'il tombe, il tombe mort !
Je veux bien finir de la sorte, mais avant,
je me défendrai un peu, vous concevez
cela facilement.

— Monseigneur...

— J'abrège !... mes moments sont précieux : rien ne peut m'empêcher d'être
disgracié, mais quelque chose peut me
sauver de l'être avec opprobre. L'athlète
qui s'écroule n'est pas déshonoré, s'il entraîne avec lui son ennemi. J'ai une enne-

mie, monsieur l'évêque, et je veux qu'elle tombe avec moi, j'ai compté sur vous pour m'y aider, je vous ai,—je vous tiens.
— Nous ne sommes plus ici à Valenciennes, il ne viendra ni un roi ni une marquise avec dix mille hurleurs sur la place publique pour interrompre notre conversation. Dans ce cabinet, dont les murs sont fidèles, Louvois est en présence de M. Jaspin et lui dit : Vous savez le secret de madame de Maintenon, vous me l'allez dire !

Jaspin s'était attendu depuis quelques minutes à cette chute, il composa son visage et répondit :

—Monseigneur, de quel secret voulez-vous me parler?

— Il y en a donc plusieurs? dit Louvois avec un rire féroce. Tant mieux! choisissez-en un bon pour commencer, celui que vous voudrez, peu m'inporte! car je vous jure bien, par le Dieu vivant, que vous me direz jusqu'au dernier tous les secrets que vous cachez là, sous cette robe d'innocence! Seulement, M Jaspin, hâtons-nous.

— Oh! monseigneur, vous me menacez! dit humblement le pauvre prêtre.

— Cordieu! si je vous menace! Et pourquoi donc croyez-vous que je vous aie fait enlever au grand jour en plein Versailles?

— Si j'avais des secrets dont la révélation dût nuire à ma protectrice, vous ne pensez pas que je les révélerais, répliqua l'évêque d'une voix émue, mais pleine de noblesse.

— Bah! s'écria Louvois.

— Jamais, monseigneur.

— Et Jaspin, le front mouillé de sueur, les genoux brisés, attendit.

Louvois fit un pas vers le pauvre Jaspin, qui crut sentir l'approche du martyre.

— Allons, maître, dit Louvois de sa rauque et insolente voix, ne me faites pas répéter tout ce que je viens de vous dire, — ou sinon...

— Sinon, vous me tuerez! n'est-ce pas, monseigneur... Remarquez bien que j'ai déjà fait ma prière, et que j'attends la mort...

— Brute! s'écria Louvois, brute qui ne

m'a pas compris quand je lui expliquais que je n'ai rien à menager; brute qui se figure que je lui ferai l'honneur de la torture; brute qui croit que je le tuerai, comme s'il m'était avantageux de tuer le témoin au lieu de le faire parler. Allons, encore une fois, voulez-vous me dire quel est le secret de madame de Maintenon, ce secret dans lequel M. de Lavernie a le principal rôle? Voulez-vous achever de dissiper mes doutes sur M. de Lavernie lui-même et sur le personnage qu'il joue auprès de la marquise? Vous voyez que je vous aide... Pour la dernière fois, le voulez-vous?

— Non, répliqua Jaspin.

Louvois étouffa un gémissement de rage, et haussant avec mépris les épaules, saisit Jaspin par le bras, et l'entraîna vers la porte de la chambre voisine.

Un mur épais, un mur de forteresse, comme ceux qu'on bâtissait à cette époque, séparait les deux pièces. — Louvois ouvrit la porte, et dit à Jaspin, d'une voix brève :

— Regardez!

L'évêque reconnut Gérard, pâle et désarmé, au milieu des quatre hommes qui s'étaient assis chacun à un coin de la chambre, comme quatre statues funèbres.

Il frissonna, mais, reprenant courage :

— Il était bien inutile de le faire arrêter, monseigneur; il parlera encore moins que moi.

Louvois, au lieu de lui répondre :

— Vous vous rappelez mon signal, dit-il à ces hommes.

— Un coup de sonnette, monseigneur, répliqua celui d'entre eux qui paraissait être le chef.

Louvois referma lentement la porte et ramena Jaspin dans son cabinet.

Il était livide; l'écume voltigeait sur ses lèvres; une puissance surnaturelle, infernale, le transfigurait et donnait à chacun de ses mouvements des proportions gigantesques.

— Maintenant, dit-il à Jaspin, je suppose que vous m'allez mieux comprendre. Vous avez vu M. de Lavernie, celui que vous cherchez, votre élève, le..... le favori de votre protectrice. — Vous avez vu aussi les quatre hommes qui le gardent, et vous les avez entendus parler d'une sonnette qui doit donner un signal. — M. Jaspin, cette sonnette, la voici, j'en tiens le cordon, et le signal qu'elle donnera à ces quatre hommes, c'est de tirer l'épée et de tuer sur-le-champ M. de Lavernie. Si, dans cinq minutes, vous ne m'avez pas satisfait par votre réponse, je tire cette sonnette. Cinq minutes, c'est peu, je le sais bien, mais il faut m'excuser, je suis si pressé! Regardez bien à ma pendule, vos cinq minutes commencent.

Louvois se posa devant sa cheminée, le cordon dans sa main gauche. — Jaspin, hors de lui, poussa un cri lamentable et joignit les mains — toute cette situation venait de lui apparaître dans son horreur. Louvois n'avait rien à ménager en effet, et Gérard entre ses mains était un homme mort.

— Monseigneur, s'écria-t-il, c'est un secret de confession!... Vous ne voudriez pas tuer mon âme!

— Ne perdez pas votre temps, dit Louvois avec un calme épouvantable; la première minute s'avance.

Jaspin éleva les yeux, les mains, l'âme tout entière au ciel, puis il vint se rouler aux pieds du ministre, devant lequel, ainsi que sur un rocher, se brisèrent ses sanglots et ses vaines prières.

— Il hésite! dit Louvois sourdement. Voilà un chrétien, un pasteur des hommes, qui croit en Dieu, qui s'appuie sur l'exemple de Dieu, et qui hésite entre l'orgueil d'une femme et la vie d'un homme. Ce vieillard idiot ne réfléchit pas que pour la femme, il ne s'agit que d'être ou n'être pas reine. Voilà tout ce qu'elle risque. Tandis que pour l'homme, un jeune homme, beau, innocent, adoré, il s'agit d'être dans quelques secondes un vivant libre ou un cadavre! Regardez donc la pendule, malheureux, il ne vous reste plus que trois minutes!

— Oh! mon Dieu!... oh! mon Dieu!... hurla le pauvre Jaspin en mordant son mouchoir et en se frappant la poitrine, je ne puis pourtant pas parler!...

— Eh bien! misérable! s'écria Louvois dans un transport de rage, puisque tu tiens si peu à la vie de ce jeune homme, pourquoi y tiendrais-je, moi! Tant pis pour toi, tant pis pour elle, tant pis pour lui; je retire ma parole et je vais avancer l'heure!

Il leva le bras pour donner une secousse au cordon. Jaspin s'élança pour l'arrêter en criant :

— Grâce, monseigneur, je parle! Vous avez bien raison : la reine me pardonnerait de lui enlever sa couronne, mais la mère ne me pardonnerait pas de laisser assassiner son fils!

— Il est son fils, n'est-ce pas! s'écria Louvois en se précipitant vers Jaspin, dont il saisit les mains dans le délire de sa joie.

— Oui.

— Le fils de Villarceaux ou d'Albret?

— Je ne sais.

— Peu importe! Il est le fils de madame de Maintenon? Et madame de Lavernie, par intérêt pour elle, n'est-ce pas, s'était dévouée à lui élever ce fils, à le reconnaître pour sien?

— Oui, monseigneur.

— Je le tiens donc ce secret tant soupçonné, ce secret indéchiffrable! Vous avez bien fait de me dire la vérité, ajouta Louvois suffoqué par la transition brusque d'une douleur immodérée à une joie folle. — Maintenant vous n'êtes plus un ennemi et M. de Maintenon le fils m'est sacré. — Voilà qui serait une bonne nouveauté, d'appeler ce jeune homme M. de Maintenon! — Peste! le beau mariage que va faire mademoiselle Van Graaft! En vérité, merci, monsieur Jaspin, merci! Je vous ferais archevêque demain si je redevenais ministre, ce dont je ne désespère point d'ailleurs.

Il prit une plume et du papier qu'il offrit à Jaspin en le conduisant à sa table.

— Maintenant, dit-il, écrivez ce que vous venez de me dire.

— Monseigneur!... s'écria Jaspin.

— Allons-nous recommencer? oubliez-vous d'ailleurs que votre témoignage ne sera qu'un double de celui que le chirurgien de Lavernie m'a apporté hier. Ecrivez, je vous prie, votre déclaration, et l'histoire de l'adoption de cet enfant par madame de Lavernie. Faites vite et clairement.

Il n'y avait pas à reculer. Louvois, plus semblable à un loup furieux qu'à un être raisonnable, effleurait du coude le cordon de la sonnette. D'ailleurs ne triomphait-il pas sur tous les points, n'avait-il pas déjà ce témoignage du vieux chirurgien, — ridicule épouvantail, qui n'eût point fait capituler Jaspin s'il eût pu réfléchir; — mais l'infortuné prélat n'avait pas une idée, il ne songeait qu'à fuir, à emmener Gérard, à respirer le grand air avec son élève bien-aimé, sauvé cette fois encore du plus épouvantable péril.

Il accepta la plume et se mit à écrire.

Louvois suivait chaque mot, chaque détail par-dessus son épaule, et souriait en voyant s'étendre sur le papier ces lignes naïves qui le créaient irrévocablement maître de son ennemie et maître du roi, par la crainte que Louis XIV aurait du ridicule et du scandale d'une semblable révélation.

— Fort bien, dit-il, continuez, vous rédigez réellement comme Bossuet.

Sur cette raillerie, il quitta le dossier de la chaise de Jaspin, et, s'approchant de la cheminée, but un grand verre de l'eau de Forges qui l'attendait depuis le matin.

Jaspin ayant achevé :

— Signez, je vous prie, ajouta Louvois.

L'évêque obéit. Louvois but un second verre et vida la bouteille avec l'ardeur d'une soif inextinguible.

Puis Jaspin, anéanti, lui tendit le papier fatal.

— Voilà donc, s'écria Louvois radieux, voilà ce que c'est que la volonté! Ecrasé il y a deux heures, je suis debout maintenant et invincible. Oh! vouloir.. Oh! pouvoir!... c'est tout un. Je savais bien que je finirais par une victoire. Allons, allons, j'ai encore quelques belles campagnes à faire, quelques beaux incendies à ordonner. Allons, madame de Maintenon, vous tomberez suppliante à mes pieds — mais j'ai trop souffert, je ne veux plus de cette femme entre le trône et moi — qu'elle disparaisse dans sa première obscurité!... Guerre, guerre sans pitié aux orgueilleux qui me bravent. Guerre à mes ennemis, guerre jusqu'à la mort!

Jaspin aussi effrayé de cette exaltation du triomphateur qu'il l'avait été de la colère du vaincu, se tenait petit et palpitant dans un angle du cabinet. Il voyait déjà le ministre retournant à Versailles, cette déclaration à la main ; le roi indigné, exilant ou disgraciant la marquise ; — il croyant déjà entendre l'écroulement de cette immense fortune, sous les débris de laquelle s'anéantissaient l'avenir, le bonheur, l'honneur même de Gérard, et le pauvre Jaspin n'avait plus seulement le courage de demander secours à Dieu. — Dieu venait de se prononcer trop manifestement dans cette lutte.

— A mon tour, s'écria Louvois, de chasser mes ennemis de Versailles !

Tout-à-coup il s'arrêta au milieu du

pas qu'il commençait. Une sorte de stupeur remplaça sur son visage l'ivresse de la victoire. Il pâlit, ses yeux s'injectèrent de sang ; il chancela et porta vivement ses deux mains à sa poitrine et à sa gorge ; sa bouche s'ouvrait pour exhaler un cri : ce cri fut étouffé par un flot de sang noir. Le malheureux perdit l'équilibre et tomba foudroyé sur le parquet.

Jaspin courut à lui pour le soutenir ou le soulager : il était mort.

— O Providence ! murmura l'évêque anéanti, pardonne-moi d'avoir pensé que tu te reposais !

Jaspin ouvrit la main du cadavre, en retira la déclaration que Louvois l'avait forcé d'écrire; ses ongles eurent bientôt effacé jusqu'aux moindres traces du secret terrible que Louvois semblait lui redemander avec un regard farouche et curieux jusqu'au sein de la mort.

Alors Jaspin se sentit saisi d'une horrible frayeur, et poussant de grands cris qui n'était point affectés, il appela au secours les hommes placés dans la chambre voisine et Gérard avec eux. En ce moment, le cabinet se remplit d'une foule épouvantée, muette, qui contemplait ce spectacle avec une sombre défiance.

Séron accourut comme les autres, entendit le récit de Jaspin, et en examinant le corps ne put retenir une exclamation de doute qui circula bientôt en grossissant au dehors.

Mais M. de Barbezieux, fils de Louvois, ayant paru au seuil du cabinet, chacun se retira sans oser prononcer une parole. Jaspin saisit par le bras Gérard, aussi stupéfait que tout le monde, et l'emmena loin de la surintendance.

Desbuttes, comme on le voit, n'avait trompé Van Graaft que de quelques heures.

VIII

HOMMAGE D'UNE REINE AU ROI DES ROIS.

Tandis que ce drame se dénouait ainsi par la main de Dieu, dans les bâtiments de la surintendance, le roi, de plus en inquiet, et redoutant que Louvois en son désespoir ne se portât à quelque extrémité, avait fait appeler Rubantel.

— Monsieur, lui dit-il, la plupart des rois, mes prédécesseurs, ont eu recours pendant leur règne, au courage et surtout à la loyauté de ceux qu'ils jugeaient être leurs meilleurs serviteurs ; mon père, Louis XIII, employa Vitry contre le maréchal d'Ancre ; mon aïeul, Henri IV, se servit de Praslin contre le comte d'Auvergne dans l'affaire de Biron. Vous m'allez aujourd'hui rendre un service signalé. Il s'agit d'aller arrêter chez lui M. de Louvois, pour le mener à la Bastille.

Rubantel commença par faire un bond en arrière ; mais en voyant l'attitude résolue du roi, le vieux soldat n'hésita plus.

— J'y vais, sire, répliqua-t-il.

Et il partit.

Cependant le roi, plein de trouble et d'agitation, passa aussitôt chez la marquise, il en voulait finir avec les deux tourments qui ravageaient son esprit et son cœur.

Madame de Maintenon n'avait pas changé de contenance depuis le départ de Van Graaft et la lecture de cette lettre qu'elle avait brûlée, elle comprenait le danger. Elle devinait ce qu'avait voulu faire Louvois en arrêtant à la fois Jaspin et Gérard, elle pressentait le résultat de leur arrestation, se voyait irrévocablement perdue — le dernier effort de Louvois l'entraînait avec lui dans sa chute,—et, dans l'impuissance où elle se trouvait de parer ce coup fatal, elle, le grand, l'inépuisable esprit, elle, l'indomptable courage, trouvait à peine la force de se recommander à Dieu. Elle n'avait plus d'espoir qu'en cette bizarre et invraisemblable nouvelle annoncée à Van Graaft par son correspondant mystérieux. Ainsi, dans tout ce qui est sérieux et imposant, ici bas, dans tout ce qui est positif et calculé, se glisse toujours par quelque soin le burlesque, l'étrange ou l'imprévu.

La marquise attendait, souffrait et se taisait lorsque le roi entra chez elle. A partir de ce moment, elle recommença de sentir les battements de son cœur.

Louis n'avait sur le visage, ni colère, ni faiblesse, il jouait en roi cette partie suprême. Il se préparait à la perdre.

— Madame, dit-il, après avoir éloigné de l'appartement tous ceux qui pouvaient gêner son entretien avec la marquise, nous voici arrivés au moment d'une explication décisive. Vous avez vu avec quelle insolente menace le marquis de Louvois est sorti de chez moi. Avant-hier il demandait deux jours pour vous convaincre d'indignité. Aujourd'hui ce n'était plus que deux heures qu'il réclamait. Ni l'autre jour, ni aujourd'hui, bien qu'il n'ait encore rien prouvé, cet homme n'a varié dans ses assertions. Aurait-il, en effet, quelque chose à prouver? vous ne l'avez pas nié vous-même. Vos yeux, votre maintien, votre pâleur, l'enhardissent et me surprennent, moi qui crois pourtant connaître tout votre passé. Or, vous savez que vous êtes ma femme. Il le sait aussi, et beaucoup de gens ne l'ignorent pas. Vous deviez être déclarée hier, vous ne l'avez pas été, quand le serez-vous? M. de Louvois va-t-il revenir, apportant la preuve que je l'ai sommé de fournir : que deviendrai-je alors? que devient l'honneur de notre union ! Vous voyez, vous gardez encore le silence, vous eussiez dû déjà m'interrompre. Je vois que j'ai bien fait, hélas ! d'agir comme je viens de le faire.

Elle, plus tremblante encore que le matin, balbutia et réussit à peine à dire :

— Que venez-vous donc de faire, sire.

— Je viens d'envoyer arrêter M. de Louvois, chez lui, repartit le roi — car, s'il sait des choses telles que votre réputation en doive souffrir—une bonne prison l'empêchera de les divulguer — à moins que déjà le misérable n'ait pris ses mesures, pour que les secrets dont il s'agit, survivant à sa disparition, surnagent sur le gouffre où je veux qu'il s'engloutisse.

La marquise debout, fiévreuse, éperdue, commençait à ne plus pouvoir soutenir le regard du roi, et Louis, à qui rien n'échappait, commençait à frissonner et à ne plus oser regarder la marquise en face; car en pareille circonstance, l'homme qui sollicite avec le plus d'ardeur, un aveu de culpabilité, tremble toujours de l'obtenir.

Mais alors certain démon jaloux souffle aux questions une adresse, aux instances une énergie qui finissent tôt ou tard par extorquer le fatal aveu.

— Voyons, madame, poursuivit le roi, inspiré par ce démon pernicieux, ne trouvez-vous pas qu'il serait indigne de vous et de moi, que vos secrets, si vous en aviez, appartinssent à M. de Louvois, et fussent par lui transmis à quelque pamphlétaire, au lieu de tomber dans le cœur de votre ami, de votre époux, de celui seul qui peut vous défendre ou vous venger? Ne songez-vous pas que votre silence coupable exposerait le roi à la risée de ses ennemis. Le roi peut vous aider, vous sauver, si vous avez été loyale et sincère avec lui, mais peut-être ne pardonnerait-il pas qu'on l'eût blessé dans sa confiance et dans son légitime orgueil. J'ai pris mes mesures pour vous conserserver, en tout cas, les apparences; ne me rendrez-vous point la pareille, en ce moment de crise où nous sommes arrivés?

La marquise s'agitait comme une lionne

dont toute la force s'est épuisée par mille blessures, sa grande âme luttait contre tant de périls et contre tant de dissimulation. Parfois, elle se disait qu'il faut lever le front jusqu'au moment où la tête tombe; tantôt elle se trouvait lâche et misérable de ne point se jeter à deux genoux devant le roi, de ne pas tout sauver par un généreux aveu, qui ne perdrait qu'elle-même.

L'état de son âme se trahissait dans son attitude : c'étaient des yeux égarés, une rougeur remplacée par des pâleurs subites, une raideur de maintien qui s'écroulait tout-à-coup, comme si le corps allait se prosterner.

Ces combats incompréhensibles entretenaient la défiance du roi, et l'on voyait son front se rembrunir peu à peu. L'orgueil qui l'avait empêché de supplier, se fondait pour faire place à la tendresse inquiète.—La marquise n'eût pas résisté à de douces paroles : encore un assaut, elle allait parler, elle était perdue.

Soudain un grand bruit de voix retentit dans le vestibule.—Nanon, Manseau, des officiers couraient et criaient pêle-mêle. — Le roi se leva pour aller vers la porte qui s'ouvrit, et M. de Rubantel parut, tremblant et défait.

— Qu'y a-t-il, monsieur ? demanda le roi, et pourquoi revenez-vous si vite ?

— Sire, c'est que M. de Louvois est mort, répliqua le général.

La marquise jeta un cri et releva la tête en se rappelant la nouvelle apportée deux heures avant à Van Graaft; le roi sentit un frisson courir dans tout son corps.

— Mort! répéta-t-il, c'est impossible!

— Je l'ai vu sur le parquet de son cabinet, entouré de ses serviteurs; son médecin l'a voulu saigner, il n'est pas venu de sang. La mort a été instantanée,

— Vous êtes sûr de ce que vous dites? ajouta le roi, avec une vive émotion dans la voix.

— Si je n'en eusse été sûr, les ordres de V. M. seraient déjà exécutés.

— En vérité, murmura Louis XIV — c'est mourir bien à propos ; — mais est-il mort, ainsi, tout seul ?

— Sire, il causait avec M. l'évêque de Troie dans les bras duquel il est tombé.

La marquise tressaillit.

— Sait-on déjà cela! dit le roi.

— Partout, sire, la nouvelle en court comme la traînée de poudre en une mine.

— Quelle cause assigne-t-on à cette mort?

— Il serait imprudent, sire, de rapporter tous les bruits qui circulent.

— Je rentre chez moi, dit vivement Louis XIV. — A tantôt, madame, en revenant de ma promenade. — Songez que vous ne m'avez pas répondu.

— Et que voulez-vous donc que je réponde, sire? balbutia la marquise. J'aurais cru du moins que l'offense s'arrêterait à la mort de l'offenseur.

— Vous avez raison — je demandais une réponse que Dieu vient de faire pour vous — A tantôt! Suivez-moi, M. de Rubantel?

Quand la marquise, se croyant seule, se retourna pour appuyer, sur le marbre de la cheminée son front brûlant, elle vit Jaspin debout à l'entrée du cabinet par lequel Nanon l'avait introduit.

Elle s'élança vers lui.

— Où est Gérard? dit-elle.

— Il vit, madame.

— Vous me l'avez sauvé.

— C'est Dieu et non moi.

— Quand on vous a arrêté, c'était pour vous faire parler, n'est-ce pas, mon généreux ami?

— Et j'ai parlé, dit Jaspin, sans quoi l'on eût tué Gérard.

— Quoi! Louvois a su...

— Tout; mais à quoi lui servira ce secret dans la tombe?

— Est-ce bien un secret, demanda sourdement la marquise. Gérard n'a-t-il rien appris ?

— Rien !

— Cette voiture fermée qui est arrivée hier; ce vieux chirurgien de Lavernie....

— Etait mort en arrivant. J'ai voulu en avoir la preuve, et Séron vient de me montrer le cadavre dans son cabinet d'anatomie.

— Mort aussi !... Deux morts pour me sauver !

— Dieu a fait là deux terribles miracles, madame, et vous êtes visiblement protégée par la Providence! — Rien désormais ne fera plus obstacle à vos destinées. Moi seul je porte à présent l'énorme fardeau du passé; mais tant de malheurs m'ont vieilli au point que j'ai perdu la mémoire, en attendant de perdre la vie!

La marquise serra dans les siennes la main encore glacée qui avait essuyé le dernier souffle de Louvois.

. . . .

Le soir était venu; — juillet, tout parfumé, secouait sur Versailles, ses chaudes haleines. Le roi se promenait le long de la terrasse, l'esprit libre, l'air dégagé, l'œil attaché presque invariablement, à chaque tour qu'il faisait, sur le bâtiment de la surintendance où reposait le corps à peine refroidi de Louvois.

Une foule de courtisans groupés le long de cette terrasse s'entretenaient à voix basse de tous les détails d'une mort qui changeait la politique de la cour et de l'Europe entière.

On cherchait déjà parmi ses ennemis le nom de l'homme d'Etat auquel Louis XIV accorderait son héritage.

Depuis que la nouvelle avait circulé, tous les respects, toutes les protestations étaient pour madame de Maintenon. Elle triomphait ; son ennemi le plus cruel avait disparu. Partout, on ne parlait plus que de la déclaration imminente de son mariage ; on en fixait le jour, on en commentait les termes. Nul ne songeait à y faire opposition. Sa victoire sur Louvois légitimait tout abus qu'elle eût voulu en faire.

Tandis que, de sa fenêtre, elle regardait le roi aller et venir au milieu d'une cour empressée, deux hommes se présentaient chez elle et se disputaient cérémonieusement dans l'antichambre, à qui passerait le premier : c'étaient l'archevêque de Paris et le père Lachaise.

M. de Harlay obtint la préférence. Il était arrivé une minute plus tôt que le jésuite.

Le prélat aux archives s'approcha de la marquise, et après avoir fléchi le genou devant elle :

— Permettez, dit-il, madame, que je sois le premier, de cœur et de bouche, à saluer Votre Majesté, reine de France. Et j'espère avoir l'honneur de chanter bientôt devant l'autel de Notre-Dame, le *Hosanna in excelsis,* que l'Eglise doit aux nouvelles reines.

Il se retira discrètement après avoir prononcé ces paroles. Toutefois, comme la marquise ne lui avait rien répondu, il s'arrêta pour ajouter :

— Votre Majesté daignera-t-elle se souvenir du plus dévoué de ses serviteurs?

Madame de Maintenon se leva et laissa partir le prélat, croyant l'avoir assez payé par un gracieux sourire.

M. de Harlay se retira sans bruit, bien convaincu qu'il venait de faire ce que nul des courtisans n'avait osé encore imaginer, et que son compliment valait bien un chapeau de cardinal.

Mais à peine était-il dehors que le père Lachaise entra. Il apportait une boîte assez volumineuse que la marquise ne distingua pas d'abord, habituée qu'elle était à le voir, muni d'un Missel in-4° des plus consciencieux.

— Madame, dit le jésuite, vous voilà enfin parvenue, par la puissance de votre mérite et la grâce de Dieu, au trône de France. Les prières ferventes et les vœux de notre société ne vous ont point fait défaut. Vous êtes la colonne de la religion, vous êtes l'étoile qui dirige toute la France dans les voies du salut. Le roi n'a pu demeurer insensible à nos observations, et tantôt, lorsque la nouvelle de cette mort si subite a frappé toute la cour, Sa Majesté m'a fait la grâce de me dire qu'elle regardait cet événement comme un avis du ciel; et j'ai répondu qu'en effet, Dieu semblait ainsi punir les calomnies dont vos ennemis vous avaient poursuivie jusqu'au dernier moment. Avec le défunt ministre ont cessé, comme par enchantement, les pernicieuses influences qui troublaient les intentions du roi à votre égard. Plus d'empêchements désormais : vous régnerez !

— C'est le roi, dit la marquise, qui vous a tenu ce langage?

— Et autorisé à vous le faire entendre, répondit le père Lachaise.

— Ainsi, le roi élève à lui sa servante?

— A la face du monde, oui, Votre Majesté.

Le jésuite, en prononçant ces paroles, tira d'un riche écrin une merveilleuse couronne d'or et de perles, surmontée d'un diamant magnifique. — Il la posa sur la table de la marquise, et lui dit :

— La Société de Jésus supplie Votre Majesté de vouloir bien agréer cet hommage de ses plus dévoués sujets :

Puis, saluant profondément, il se retira.

La marquise demeura seule en face du précieux joyau.

Une flamme pénétrante, jaillissant de toutes les parties de cette couronne, monta insensiblement comme un parfum au cerveau de la nouvelle reine.

— Voilà, se dit-elle, l'apogée des rêves de tout orgueil mortel. Une couronne! Françoise d'Aubigné, femme de Scarron, toi, à qui un maçon prédit que tu deviendrais reine; te voilà couronnée, et c'est encore Dieu qui a voulu cela.

— Oh! reprit-elle plus bas, Dieu a fait pour moi plus que pour aucune créature terrestre. Dieu s'est fait mon complice, il a daigné s'occuper de sauver ma misérable vanité; Dieu m'a conduite par la main au milieu des embûches; il a frappé de sa foudre le plus acharné de mes ennemis ; Dieu m'a comblée ! Grâce à lui, je lève aujourd'hui les yeux sans rougir, et je vois vivant, dans tout l'éclat de la jeunesse, de la faveur, de la beauté, un fils que peut-être hier, j'eusse été assez lâche pour renier, assez vile pour laisser périr, de crainte d'être compromise par sa vie ! Grâce à votre bonté, mon Dieu, je retournerai vers vous sans crime... et j'aurai passé sur la terre sans tache : j'aurai été toute puissante, j'aurai pu dire : C'est trop de félicité !

Voilà ce que vous avez fait pour moi ; maintenant, que vais-je faire pour vous ?

Epouse d'un roi qui n'a jamais pu lire au fond de mon âme, j'oserais m'asseoir sur le trône où s'est assise l'immaculée, la sainte Marie-Thérèse !... Fière de l'impunité, triomphante hypocrite, j'apporterais impudemment en dot à cette famille de rois mon déshonneur que Dieu n'a pas voulu révéler ici-bas, parce qu'il se réserve peut-être de le punir plus tard ! — Libre et tranquille par sa clémence, je recommencerais une vie de mensonge et de remords ! — Non ! Faisons à mon tour quelque chose pour Dieu... Il n'est point permis à la créature de tout posséder sur la terre.

Voyons ce que je veux garder, voyons

ce que je veux céder, car en vérité, le souverain Seigneur me laisse faire ma part.

Eh bien, je veux avoir le droit d'embrasser mon fils — d'avoir un secret à moi — je veux m'attendrir en regardant ce jeune homme, l'aider, le protéger, l'enrichir, le faire monter au dernier degré de la puissance et du bonheur!... Je veux qu'il m'aime comme il aimait sa mère. Je veux m'estimer et m'admirer moi-même à chaque heure, à chaque seconde, en toute chose, et me complaire à regarder mon image au miroir, à analyser chaque détail de mon âme. Voilà des souhaits dignes de la femme que Dieu a bénie — c'est une belle part — elle me suffit : maintenant faisons celle de Dieu.

La marquise, l'œil étincelant du feu de son inspiration sublime, fit trois pas vers la couronne qui dormait radieuse sur le velours de la table.

Elle l'éleva lentement dans ses deux mains tremblantes, et s'agenouillant devant son crucifix d'ivoire :

— Dieu éternel, Dieu bon, Dieu des rois, dit-elle, recevez l'hommage du présent le plus noble, le plus éclatant qu'une créature humaine vous puisse offrir. Je vous consacre cette couronne, et vous supplie de l'accepter, trouvant que vous avez été pour moi trop magnifique sur la terre, et vous conjurant d'échanger ce trop de gloire contre un peu de votre miséricorde au ciel.

Elle déposa la couronne sur la tête de mort sculptée au bas de la croix du Sauveur, et s'abîma en pleurant dans les joies profondes de la prière.

Le roi était venu avec quelques courtisans; il entra dans la chambre et attendit respectueusement que la marquise se fût interrompue.

Cependant ses yeux s'étaient portés sur cette couronne splendide. Il crut que la nouvelle reine remerciait Dieu de l'avoir ainsi élevée, et ses actions de grâces lui parurent sans doute un peu prématurées.

— Madame, dit-il d'une voix incertaine, les couronnes ne sont-elles point assez périssables sans qu'on les place sur une tête de mort! Vous vous faites à vous-même un bien triste présage.

— Sire, répondit-elle, c'est ce que l'on pourrait dire si j'étais reine.

— Ne l'êtes-vous point, et ne méritez-vous pas de l'être?...

— Non, sire! — Je suis votre femme, — c'est un honneur déjà trop grand pour moi. — Je n'en ai jamais ambitionné, je n'en accepterai jamais d'autre. Cette couronne ainsi placée, sire, c'est l'emblème de ma royauté, morte à jamais. — Accordez-moi la grâce de n'y plus faire allusion. — Je viens de jurer à Dieu que je mourrai marquise de Maintenon, femme inconnue, humble sujette de Votre Majesté. N'avons-nous pas été heureux ainsi ! — Dieu n'a-t-il pas béni cette union ? — Je me répète mon serment, Sire, dit-elle en étendant sa main vers l'image du Christ, — c'est mon époux, ce n'est pas un roi que j'aime.

— Oh! oui, marquise! s'écria le roi avec une joie égoïste qu'il ne put maîtriser, vous m'aimez sincèrement, je le vois bien et je vous remercie.

Elle s'inclina, tandis qu'il lui baisait la main, et Dieu seul entendit le soupir qu'elle étouffa entre ses lèvres.

Puis, tout-à-coup :

— J'ai seulement, non pas une compensation, mais une grâce à vous demander, sire.

— Parlez ! madame.

— M. de Louvois était mon ennemi ; mais il est mort à votre service ; et, sans doute, le désespoir qu'il a ressenti de la violente scène de ce matin, n'aura pas peu contribué à sa fin terrible.

— Eh bien ! madame.

— Sire, il sera grand, il sera juste de ne pas étendre votre colère au-delà d'un tombeau. Vous avez puni un coupable, mais il vous reste à récompenser de grands services. Récompensez donc le père dans la personne d'un fils innocent. Donnez à M. de Barbezieux l'héritage de M. de Louvois; nommez-le votre ministre!

— Un si jeune homme!

— J'ai droit de joyeux avènement, sire!... et ma conscience parle!...

— Au fait, répliqua le roi, j'avais formé le père... je formerai le fils. Votre demande est accordée. Madame, vous êtes une généreuse ennemie, on l'avouera.

— C'est encore se venger, murmura la marquise, en regardant à la dérobée sa couronne perdue!

IX

CONCLUSION.

Depuis sa chute et son évanouissement, Belair, ramené chez Lavernie, n'avait pas recouvré l'intelligence.

Toutes ces arrestations de ses amis lui

avaient paru, la suite de l'enlèvement de Violette, et il s'attendait lui-même à tomber au pouvoir de cet ennemi redoutable dont le fantôme avait tant de fois troublé ses rêves d'amour et de poésie.

Le corps brisé, l'ame absente, il était couché sur un vaste fauteuil près de la fenêtre. Auprès de lui, Gérard s'empressait en vain; ni caresses, ni soins, n'éveillaient en lui le souvenir de cette amitié si ardente pour laquelle il eût hier donné sa vie.

Un seul refrain, monotone et incolore

reflet du bonheur passé, frémissait sur les lèvres du pâle jeune homme :

> Ombre qui naviguez vers la rive infernale,
> Dites-moi vos ennuis.
> Ou laissez-moi, sur la barque fatale,
> Vous suivre dans l'horreur des infernales nuits.

C'était ce chant de Lulli, que le pauvre Belair avait joué sur la guitare devant le balcon de sa maîtresse à Houdarde, et qui avait ouvert le cœur et la fenêtre de Violette; Amour couché aux pieds du musicien accompagnait cette mélodie lugubre d'un douloureux gémissement.

Jaspin entra sur la pointe du pied dans

la chambre; Belair, toujours murmurant, ne le regarda seulement point.

— Eh bien! dit Gérard, qui emmena l'évêque dans l'embrasure de la porte, a-t-on des nouvelles?

— Oh! mon ami!.., dit tristement Jaspin. Mais d'abord, comment va le malade? qu'en pense M. Fagon?

— M. Fagon l'a examiné: c'en est fait, a-t-il dit, de l'esprit, à la moindre secousse. — Peut être même le malheur est-il consommé déjà. Quant au corps, il pourrait suivre. Mais, Violette?

— La pauvre Violette, répondit Jaspin à voix basse, n'est ni dans les prisons, ni dans les couvents, ni sur les routes; ce scélérat de Desbuttes l'aura enlevée et cachée... tuée peut être. Le lieutenant de police a fait chercher partout, excepté...

— Prenez garde, on dirait que Belair écoute.

— Non. Continuez.

— Excepté quelque part où ni l'un ni

l'autre nous n'avions osé penser qu'elle pût être.

Gérard avec un signe d'intelligence :

— Oh! je comprends, dit-il.

— Eh bien, c'est là que le lieutenant de police fera chercher... et il doit m'envoyer prévenir aussitôt qu'il aura découvert quelque chose.

Gérard et Jaspin se serrèrent la main et se turent. Manseau arrivait avec une lettre de la marquise. Elle mandait les deux amis près d'elle, à six heures le lendemain matin, dans les jardins de Saint-Cyr.

Le lendemain Van Graaft attendait la marquise dans ces mêmes jardins de Saint-Cyr où elle lui avait assigné une audience après la messe.

A la place de madame de Maintenon il vit s'avancer par les allées fleuries une noble et belle figure de jeune fille, vêtue de blanc, et souriante sous les épais bandeaux de sa noire chevelure.

Antoinette vint prendre la main de Van

Graaft et la baisa respectueusement. Le Hollandais se laissa faire avec son flegme accoutumé.

— Vous n'avez donc plus le costume des demoiselles de Saint-Cyr? demanda-t-il.

— Non, monsieur. Madame a voulu que ce matin je prisse les habits que vous me voyez. Madame est venue, m'a fait habiller dans sa chambre, et m'a donné ces belles dentelles que voici, en disant qu'elles vous plairaient, puisqu'elles sont de votre pays.

Antoinette n'avait pas quitté la main de

Van Graaft. Une émotion profonde monta peu à peu de la main jusqu'au cœur.

— Avez-vous un peu pensé à ce nouvel habit si blanc et si frais, dit Van Graaft, et vous êtes-vous demandé pourquoi il remplaçait l'autre?

— Non, monsieur.

— Quoi qu'il en soit, interrompit-il brusquement, vous êtes belle de la sorte.

— Et... vous m'aimez? demanda Antoinette d'un ton plein de caresse.

— Assurément!...

Il se détourna.

— Non!... s'écria-t-elle, vous ne m'aimez pas! Oh! pourquoi monsieur? dit la jeune fille en joignant les mains. Sans doute, vous m'avez trop peu connue. Mais si vous saviez tout ce qu'il y a dans mon cœur de respect et de dévouement pour vous! Si vous saviez combien je sens que je pourrais vous rendre heureux! Oh! je fondrai cette glace sous laquelle je suis sûre de trouver un cœur digne du mien!

Et en disant ces mots elle passa un de ses bras si beaux, si frais, autour du cou de Van Graaft, qui s'inclina malgré lui sous cette douce pression.

— Mademoiselle, répondit-il avec une voix tremblante.

— Que vous ai-je fait? poursuivit Antoinette. Si vous voulez ne pas me traiter comme une enfant aimée, pourquoi m'avez-vous appelée votre enfant?

Il tressaillit.

— Ne valait-il pas mieux me laisser ce que j'étais, une orpheline abandonnée, confiée aux soins de Dieu seul. Vous paraissez, vous faites entendre à mon oreille ce mot divin : un père!... et vous vous détournez après. Ah! monsieur, puisque j'ai perdu ma mère, remplacez-la du moins auprès de moi! Vous auriez le droit d'exiger que je n'aimasse rien au monde autant que vous!

Il la regarda en souriant avec mélancolie.

— Jamais vous ne m'aviez parlé de votre mère, murmura-t-il..., de votre mère qui ne peut plus vous voir... belle comme vous êtes !

— Oh ! monsieur, vous vous trompez, répliqua la jeune fille, ma mère me voit. De là haut, ajouta-t-elle en montrant le ciel d'azur, une mère regarde encore son enfant, et, je vous assure qu'elle m'envoie des caresses que je sens, et qui me pénètrent le cœur.

— Eh bien donc, répondit Van Graaft remué par cette voix persuasive, votre mère vous verra bien heureuse aujourd'hui, car vous allez vous marier dans une heure, et voici M. de Lavernie qui vient vous chercher.

Antoinette poussa un cri de joie et se jeta dans les bras de Van Graaft.

Une heure après, dans la chapelle de Saint-Cyr, Gérard et Antoinette, dont le contrat de mariage avait été signé le matin par le roi, s'engageaient devant Dieu pour la vie.

Jaspin, agenouillé près de la marquise, à trois pas de mademoiselle Balbien, priait de toute son ame. On lui avait offert de bénir lui-même ce mariage. Nanon lui avait fait présent d'un rochet magnifiquement brodé pour cette cérémonie, mais il avait répondu qu'un évêque de Troie n'est presque pas un évêque, et que d'ailleurs, il ne savait dire la messe que dans la petite chapelle de Lavernie.

L'aumônier de Saint-Cyr officiait donc, et toute la maison de la marquise assistait à la cérémonie.

Le pauvre Belair, toujours délirant, n'avait pu quitter la chambre.

Rubantel, choisi par Gérard, représentait pour lui un père, et le digne vétéran songeait, en regardant cette touchante solennité, que lui aussi marierait bientôt une fille, et qu'il eût bien désiré pour elle un mari comme le comte Gérard.

Pendant l'exhortation que l'officiant adressait aux deux époux, Van Graaft et la marquise, placés parallèlement derrière Gérard et Antoinette, échangèrent un regard qui résumait tout ce passé mystérieux et sombre.

Lorsque tout fut terminé, le Hollandais, s'approchant de la jeune comtesse, lui prit la main, et lui dit de sa voix austère :

— Je vous bénis ! je fais des vœux pour que vous viviez heureuse. — Croyez que

je vous aime autant que je puis aimer.—
Pendant la cérémonie de votre mariage,
j'ai constamment pensé à votre mère et,
en effet, je crois qu'elle vous regardait
du haut des cieux. Il m'a semblé qu'elle
me souriait à moi-même en m'ordonnant
de vous embrasser. Je vous embrasse.

Il prit Antoinette dans ses bras et l'y
retint longuement avec un serrement de
cœur qui se trahissait sur son visage
pâle.

— Maintenant, ajouta-t-il, je pars. J'ai
là-bas un ami auquel je me dois. Lorsque
la guerre sera terminée, j'espère que
M. de Lavernie m'amènera ma fille.

Gérard s'inclina sans répondre.

— Embrassez votre femme, dit Van Graaft, que j'aie ce spectacle toujours présent à la pensée.

La marquise serra convulsivement la main de Jaspin et s'approcha du Hollandais pour recevoir ses adieux.

— Voici, lui dit-elle, pour le roi Guillaume, une réponse que je vous prie de lui remettre à votre arrivée. Je l'eusse fait porter par M. de Lavernie sans la guerre qui divise encore les deux nations. Veuillez vous en charger, comme aussi de tous mes respects et de ma reconnaissance éternelle pour Sa Majesté.

Van Graaft s'achemina vers son carrosse qui attendait dans la cour de St-Cyr

— Adieu, dit-il d'une voix émue. Où logera ma fille, car j'ai à lui envoyer aussi son présent de noces?

Ces mots firent pâlir la marquise, ils lui rappelaient ce terrible présent de Guillaume, avec lequel on avait peut-être tué Louvois.

— Ce second carrosse que vous voyez, dit Gérard, attend votre fille et son époux. Antoinette et moi nous passerons le reste de la saison au château de La vernie. Là aussi, tous deux, nous avions une mère, la plus tendre, la meilleure des mères, car elle a donné sa vie pour défendre notre bonheur!

— C'est vrai!... répondit la marquise troublée, il ne faut ni accuser ni oublier les morts!

Gérard s'agenouilla devant elle en lui disant :

— Oh! madame, vous à qui je dois plus que la vie, vous qui avez été pour moi une providence, permettez-moi de vous remercier au nom de ma mère...

— Oui, mon fils, répliqua la marquise en le relevant.

Ces mots firent frissonner Jaspin. La

marquise les prononça d'une voix vibrante, en remerciant Dieu par un regard plein d'une joie ineffable.

— Oh!... murmura l'évêque, au bras duquel s'appuyait madame de Maintenon, qui nous eût dit jamais que ces deux syllabes sortiraient de votre bouche sans soulever ici une tempête?

— J'ai acheté le droit de les prononcer, répliqua-t-elle avec un noble orgueil.

Puis s'interrompant :

— Et monseigneur l'évêque, ne va-t-il point aussi à Lavernie?

— Pas encore, Madame, dit Gérard. Il

faut qu'il tarde de quelques jours pour emmener avec lui notre pauvre Belair, souffrant et désolé. Là-bas nous le guérirons en l'aimant!

— Je gagnerai Lavernie à petites journées avec notre malade, ajouta Jaspin. Laissons partir devant les gens heureux.

Les deux carrosses s'éloignèrent. Au premier relais Van Graaft et Gérard prirent, l'un la route de Flandres, l'autre celle de Champagne. Van Graaft en quittant sa fille lui dit naïvement :

— Je suis sûr maintenant que je vous aimerai. Au revoir!

Il arriva bientôt à sa maison du Boompjes, où tout l'attendait dans l'ordre le plus parfait. Son premier mot fut pour demander s'il n'était pas venu un homme réclamer le paiement d'une dette de cinq cent mille livres.

Le caissier répliqua qu'il n'avait rien vu ni entendu de pareil; et Van Graaft commençait à s'étonner quand on lui annonça que quelqu'un l'attendait dans sa chambre. Il monta. Les cinq cent mille livres en or étaient toujours alignées sur la table.

Un homme se chauffait, en plein mois

de juillet, toussant et courbé, lisant des dépêches en chiffres. Cet homme se retourna à l'arrivée de Van Graaft et lui tendit la main.

— Bonjour, Guillaume, dit le Hollandais. Ce n'est pas vous que je m'attendais à trouver ici.

— Qui donc ?

— Un créancier... Mais laissons cela. Vous toussez bien fort.

— Oui. Et vous, au contraire, vous

semblez rajeuni; vous êtes heureux, n'est-ce pas?

— Je crois que oui.

— Asseyez-vous un peu. J'ai su votre arrivée prochaine et j'ai voulu causer avec vous tout d'abord. Comment vont les gens de Versailles? Ce pauvre Louvois est donc mort?

— Oui, dit lugubrement Van Graaft, en lui remettant la lettre de la marquise.

Le roi la lut et murmura :

— Cette femme méritait pourtant d'être reine. Puis il ajouta : Louvois aussi était un homme de grand génie. Le roi a fait là une grosse perte. Nous mènerons plus commodément la guerre, désormais. De quoi donc est-il mort si vite? D'une apoplexie, dit-on?

— Oui.

— A propos, ajouta Guillaume, vous êtes un homme bien négligent, Van Graaft!

— Moi? pourquoi?

— Oui, vous laissez traîner vos billets de caisse çà et là. Comment, ma police arrête l'autre jour un espion français qui se cachait à Rotterdam, et l'on trouve sur lui ceci, une fausse signature, assurément... Regardez!

Van Graaft reconnut le bon de cinq cent mille livres qu'avait emporté si malheureusement La Goberge.

— Ce bon! dit-il, eh bien, mais il est lû.

—Non, répliqua froidement Guillaume, 1 est acquitté... — C'était fort imprudent, poursuivit le roi, de laisser un papier pareil dans les mains du premier venu. Savez-vous bien que l'on eût pu dire que vous aviez fait assassiner Louvois. Le monde est si méchant, Van Graaft; moi, j'ai toujours pris le papier.

En disant ces mots, Guillaume brûlait, par petites bandes déchirées, le fameux billet qui avait porté malheur à tant de monde.

— Mais le porteur, dit Van Graaft, il réclamera?

— Non, dit Guillaume, il ne réclamera

pas. C'était un espion, — peut-être pis,— je l'ai fait pendre. Si vous avez quelques remords de conscience, eh bien, employez vos florins à soulager d'honnêtes gens.

— Vous pourriez bien avoir raison, dit Van Graaft; d'ailleurs j'ai une fille à doter.

Et tandis que le roi continuait à se chauffer, il s'approcha du portrait d'Eléonore, jeta par une fenêtre dans la Meuse le pistolet si longtemps accroché au-dessous de ce portrait, et ayant détaché le cadre, l'enveloppa, le cloua lui-même dans une caisse, et écrivit cette adresse :

« A ma fille Antoinette, comtesse de
« Lavernie, ma seule et unique héri-
« tière. »

Le pauvre Belair ne revit jamais Lavernie. — Pendant le mariage de Gérard, une lettre du lieutenant de police était arrivée chez Jaspin, à qui elle apprenait ce que les agents avaient découvert dans la Seine. Lorsque l'évêque revint de Saint-Cyr, il trouva Belair étendu sur le parquet, cette lettre ouverte à la main. L'affreuse révélation avait tué l'amant de Violette. Jaspin réunit dans la tombe les deux pauvres victimes, retourna seul avec son compagnon Amour près de ses enfants à Lavernie, et, s'agenouillant devant le tombeau de la noble comtesse :

— J'ai tenu, dit-il, madame, ce que je vous avais promis. Dormez en paix ! Il est heureux, et vous êtes toujours sa mère !

FIN DU SIXIÈME ET DERNIER VOLUME.

TABLE

DES CHAPITRES DU SIXIÈME VOLUME.

I. — Où Louvois ne trouva pas ce qu'il attendait, et où Desbuttes reçut ce qu'il n'attendait pas (*suite*)...... 1

II. — Adieu. 25

III. — OEuvre sans nom................. 65

IV. — Le présent de noces............. 115

V. — Echec et mat.................. 155

VI. — La matinée du 16 juillet 1691...... 191

VII — La chûte de Satan................. 252

VIII. — Hommage d'une reine au roi des rois. 265

IX. — Conclusion................... 506

Melun. — Imprimerie de DESRUES

En vente

LAURENCE DE MONTMEYLIAN
par MOLÉ-GENTILHOMME, auteur de ROQUEVERT L'ARQUEBUSIER.

RIGOBERT LE RAPIN
par CHARLES DESLYS, auteur de MADEMOISELLE BOUILLABAISSE, la MÈRE RAINETTE, etc., etc.

LA CHASSE AUX COSAQUES
par GABRIEL FERRY, auteur du COUREUR DES BOIS.

LE GARDE-CHASSE
par ÉLIE BERTHET.

LE BEAU LAURENT
par PAUL DUPLESSIS, auteur des BOUCANIERS et de MONTBARS L'EXTERMINATEUR.

LE GUETTEUR DE GORDOUAN
Par PAUL FOUCHER.

LES LORETTES VENGÉES
par H. DE KOCK.

Paris. — Imprimerie de G. GRATIOT, rue Mazarine, 30.

www.ingramcontent.com/pod-product-compliance
Lightning Source LLC
Chambersburg PA
CBHW050801170426
43202CB00013B/2521